Haraprasad Das is often called the mythographer of contemporary times. His art of poetry is distinctly different from that of his peers and contemporaries in Indian Poetry for its nuanced formulation of words and images. He comes in the grand tradition of Poets who are deeply entrenched in their language and culture while imbibing the best of other cultures, through their long association with the larger World. Haraprasad Das, a professional Civil Servant, went on to work with multiple UN bodies in Geneva, Warsaw, Buenos Aires, London, Warsaw, Nairobi, Bangkok and the Hague. He has the vision of a world that is ultimately tethered to the inherent human condition. His Poetry springs from a fount of hope that while fantasies, delusions and failures continue to plague mankind, humanity survives ! Haraprasad Das has a huge body of works in Poetry spread over sixteen volumes, which include three epics. It is impossible to select representative poems from such a source, so this compilation showcases the most dominant traits instead. These poems would show how the rebellious, the romantic, the sardonic and the sublime spirits define the Poetry of this irrepressibly innovative Poet ! Haraprasad Das lives in Bhubaneswar in Odisha and is currently working on a chronicle of man's fall from grace.

ହାର୍ଲେମ୍‌ରେ ରାତି

ହାର୍ଲେମ୍‌ରେ ରାତି

ହରପ୍ରସାଦ ଦାସ

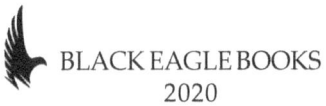

BLACK EAGLE BOOKS
2020

BLACK EAGLE BOOKS

USA address:
7464 Wisdom Lane
Dublin, OH 43016

India address:
E/312, Trident Galaxy, Kalinga Nagar,
Bhubaneswar-751003, Odisha, India

E-mail: info@blackeaglebooks.org
Website: www.blackeaglebooks.org

First International Edition Published by
BLACK EAGLE BOOKS, 2020

HARLEMRE RATI
by **Haraprasad Das**

Copyright © **Sandhya Das**

All rights reserved. No part of this publication may be reproduced, stored in a retrieval system, or transmitted, in any form or by any means, electronic, mechanical, photocopying, recording or otherwise without the prior permission of the publisher.

Cover: **'Destiny' by Inzi Okuru**

Interior Design: Ezy's Publication

ISBN- 978-1-64560-131-9 (Paperback)

Printed in United States of America

ସୂଚୀପତ୍ର

ହାର୍ଲେମ୍‌ରେ ରାତି	୧୩
ମଧ୍ୟବୟସ୍କ	୧୬
ମଧ୍ୟବିତ୍ତ	୧୭
ଗୃହସ୍ଥ	୧୮
ଅଜ୍ଞାତବାସ	୧୯
ବଂନ୍ଦୀ	୨୦
ଭବିଷ୍ୟତ	୨୨
ମଧୁଶଯ୍ୟା	୨୩
ଧର୍ମ	୨୫
ସୂର୍ଯ	୨୬
ଋଷ୍ୟଶୃଙ୍ଗ	୨୭
ବଂସୁଧରା	୨୯
ପରିଚୟ	୩୦
ପରଦିନର ସକାଳ ତମର !	୩୨
ଖେଳ ଚାଲିଛି	୩୪
ରାଜପ୍ରାସାଦ	୩୬
ଉପାୟ	୩୭
ଗ୍ରହଣ	୩୯
କର୍ମଯୋଗ	୪୦
ମିଛ	୪୨
ସୁଖ	୪୪
ହଂସ-ନାରାୟଣୀ	୪୬
ଆତ୍ମଦାନ	୪୭
କିମାଶ୍ଚର୍ଯ୍ୟମ୍	୫୦
ପଡ଼ୋଶୀ	୫୩
ଏଇଥରକ	୫୫

ରୂପକଥା	୫୭
ଚକ	୫୯
ସୂର୍ଯ୍ୟ : ଶବ୍ଦ	୬୧
ପଶ୍ଚିମ	୬୩
କଥା	୬୫
ଗୋଧୂଳିର ଶିଞ୍ଜ	୬୮
ଗୈରିକ	୭୦
ସ୍ଥିରଚିତ୍ରରେ ପୃଥ୍ବୀ	୭୩
ରୂପକଥାରେ ପ୍ରେମ	୭୫
ଉହାଡ଼	୭୭
ପଶୁ	୭୯
ବୀଜ	୮୧
ମୂଳବସନ୍ତ	୮୩
ଅମ୍ବରା	୮୬
ଘୁମୁସର	୮୮
ଅର୍ଥବୋଧ	୯୦
କବୀର	୯୨
ଦୁଷ୍ଟିତା	୯୩
ବନ୍ଧନ	୯୪
ଖାଲି ଜାଗା	୯୬
ହସ୍ତିନା	୯୭
କବିର କାମ	୯୮
ହସ	୧୦୦
ଦେଓମାଲି	୧୦୨
ଅର୍ଥ ସହିତ ଶତ୍ରୁତା	୧୦୪
ଐଶ୍ୱର୍ଯ୍ୟ	୧୦୬
ବଂଶୀ	୧୦୮
ସାତଶଂଖର ରଙ୍ଗ	୧୧୦
ଅପରାଧ	୧୧୨
ନିୟମ	୧୧୪
ଉପାଖ୍ୟାନ	୧୧୫
ମାତୃଭୂମି	୧୧୭
କଳାହାଣ୍ଡି	୧୧୯
ସ୍ୱପ୍ନ	୧୨୧

ସ୍ୱପ୍ନଜୀବୀ	୧୨୪
ଆଲାପ	୧୨୭
ଗାନ୍ଧି	୧୩୩
ବୁଢ଼ା	୧୩୬
ଏଲୋରର ଭିତ୍ତି ଚିତ୍ର	୧୩୭
ସିତାରରେ ଦୁଇଟି ରାଗ	୧୩୯
ଲୁଣ	୧୪୨
ଅତିଶୟୋକ୍ତି	୧୪୪
ଉତ୍ସବ	୧୪୬
ନିମ ଗଛରେ କାଉ	୧୪୮
ମୋକ୍ଷ	୧୫୧
କବିତା ବିରୁଦ୍ଧରେ କବିତା	୧୫୩
ଜନ୍ମାଷ୍ଟମୀ	୧୫୭
ମୁହଁସଞ୍ଜ	୧୬୦
କଟକର ବାକିଖାତା	୧୬୨
ଆଲେକ୍‌ଜାଣ୍ଡାରଙ୍କ ଘୋଡ଼ା	୧୬୫
ପିତୁଳା-ଦହନ	୧୬୬
ସଂଶୟ	୧୬୭
ଯୁଦ୍ଧ	୧୬୮
କାଳ	୧୬୯
କବି	୧୭୦
ଜୟଦେବ	୧୭୧
ଅପାଂକ୍ତେୟର ଗଜଲ୍	୧୭୩
ସୁଖ-ଗାଥା	୧୭୪
ତଥ୍ୟ, ହାଃ	୧୭୮
ଦିଅଁ	୧୮୨
ଭୂତ	୧୮୪
ଚିଲିକା	୧୮୭
କନ୍ଦେଇ	୧୮୯
ଅପାଂକ୍ତେୟର ଗଜଲ୍-୨	୧୯୧
ରାତିର କଥାକାର	୧୯୩
ମହାପୁରୁଷ	୧୯୭
ରହମତ୍ ଅଲି	୧୯୯
ସବୁ ପୋଡ଼ାଭୂଇଁ କେଦାର	୨୦୦

ଦା', ଦା', ଦା'	୨୦୧
ଅର୍ଦ୍ଧାଲୋକରେ ପ୍ରାର୍ଥନା	୨୦୨
ଓଡ଼ଗୋପାଳର ଟସ୍ସା	୨୧୦
ଗଣତନ୍ତ୍ର ପାଇଁ ଦୁଇଟି କବିତା	୨୧୨
କାହିରା : ଦିନେ ନା ଦିନେ	୨୧୩
ରାଜନୀତି ପାଇଁ ଯୋଡ଼ିଏ କବିତା	୨୧୪
ରତ୍ନ ପଥର	୨୧୬
ସଇତାନ	୨୧୮
ବିସର୍ଜନ	୨୧୯
ମଦଭାଟି	୨୨୦
ଉପ-ଇତିହାସ	୨୨୨
ରବୀନ୍ଦ୍ର ସଙ୍ଗୀତ	୨୨୪
ଜେରୁଜାଲେମ୍	୨୨୬
କବୀର	୨୨୮
ମୃତ ତାରା	୨୩୦
ଶିଛ	୨୩୧
ପୃଥ୍ବୀ	୨୩୨
ଜନତା ମଇଦାନ୍	୨୩୩
ପୃଥ୍ବୀ କି ନେଇ ଖେଳ	୨୩୪
ବାକି ଯାହା ପବିତ୍ରତା	୨୩୫
ଯନ୍ତ୍ରର ପ୍ରାର୍ଥନା	୨୩୬
ଯଯାତି	୨୩୭
ଶିବୋଽହମ୍	୨୩୯
ଦୁଃଖୀଲୋକଙ୍କ କାନ୍ଦ	୨୪୦
ଇନ୍ଦ୍ରସ୍ତୁତି	୨୪୫

ହାର୍ଲେମ୍‌ରେ ରାତି

ହାର୍ଲେମ୍‌ର ପ୍ରତି ଲୋମକୂପରେ ନିଆଁ, ପ୍ରତି ନିଶ୍ୱାସରେ
ଧୂଆଁ,
ପୋଡ଼ାଗନ୍ଧ ବାରୁଦର, ପ୍ରତି ମୋଡ଼ରେ ନର୍ଦ୍ଦମା
ଶଢ଼ା ମାଂସ, ମଲାକୁକୁର, ମଦୁଆ
ବେଶ୍ୟା, ଜୁଆ, ସାଇରେନ, ପଳାତକ ପାଦଶବ୍ଦ, ଓ
ହାଉ ହାଉ ଚିତ୍କାର ଭିତରୁ ଫିଟି ବାହାରି ଆସୁଥିବା ଜାଜ
ଅସହ୍ୟ କାନ୍ଦ କ୍ଲାରିଓନେଟ ର
ମୁଁ ଏଇଠି ଥିବି ପ୍ରିୟା, ତୁ ଯୁଆଡ଼େ ଯାଉଚୁ ଯା...

ଜେବ୍ରା କ୍ରସିଂରେ ଜହ୍ନ ଠିଆ ହେଲାଣି କେବଠୁ ଶ୍ୱେତାଙ୍ଗ ଭିକାରି
ଭଳି, ଛିଣ୍ଡା କୋଟ, ଚିରା ପତଲୁନ, ମଇଳା ଶାର୍ଟ, ଫଟା ଟୋପି,
ବେକରେ ପଘା,
ଜଣା ନାହିଁ !

ମାର୍ଥା କହିଲା: କବିକୁ କଳାକଫି ଦିଅ, କବିକୁ କଳାରକ୍ତର ମଦ
ଦିଅ, ତଫାତ ଯାଅ, ତଫାତ ଯାଅ, କବିକୁ କଳାକଥା
ଭାବିବାକୁ ଦିଅ !
ରିକୋକୋ, ତା ପ୍ରେମିକ, କହିଲା : କବି, ମାର୍ଥାର କଥା ଭାବ,
ହାର୍ଲେମ୍‌ର ଚିର ଗର୍ଭବତୀ ପ୍ରେମିକା ରାଣୀ, ଏଗାର ପ୍ରେମିକ,
ଏଗାର ପିଲା, ମୁଁ ନମ୍ବର ବାଆର, ଏ ପିଲାଟି ମୋଅର !

ମାର୍ଥା କହିଲା : ନା କବି ନା ମୁଁ ଜନ୍ମ ଦେବାକୁ ଋହୁଁନି
ଆଉ ଗୋଟେ କଳାମୂଷା ହାର୍ଲେମ୍‌ର ଏ କଳାଗାତରେ ଓଓଓଓ
ରିକୋକୋହଃହଃହଃ ଆଇଇଇହିଃହିଃ ଲହଃଭିୟୁହୁଃହୁଃ
ଆରେ ମୋ କଳାଜହ୍ନ ମରିଯା ମରିଯା ମୋ ପେଟ ଭିତରେ !

କାନ୍ଦୁଚି ହାର୍ଲେମ୍‌ର ପ୍ରେମିକା ରାଣୀ, କେବେ କାନ୍ଦିନଥିବା ଆଖିରେ,
ମୁଁ ଉଠିଲି ଏଥର, ରାତି ବାଆର, ବାଏ ମାର୍ଥା, ବାଏ
ରିକୋକୋ, ବାଏ ନ୍ୟୁୟର୍କର ତଳିପେଟରେ କେବେ ଶୁଖୁନଥିବା ଘା,
ବଞ୍ଚିଥାଉ ପ୍ରେମ, ପଥର ଆଖିର ଟୋପେ ଲୁହରେ,
ଘୃଣାରେ ମୁଁ ପକେଇଦେଲି ଗୋଟେ ଡଲାର
ଜେବ୍ରା କ୍ରସିଂରେ ଭିକାରି ଗୋରା ଜହ୍ନର ଫଟା ଟୋପିରେ !

ରାତି ବାଜୁଥିଲା ବିକଳ କ୍ଲାରିଓନେଟରେ
ଧନୁର ଗୁଣ ଭଳି ଟାଙ୍କି ହେଉଥିଲା ହଡ୍‌ସନ ନଦୀର ପିଠି,
ପାଣିର କଳା ମେରୁହାଡ଼ ସିଧା ହେଉଥିଲା କାଲି ସକାଳକୁ
ଥମିଯିବା ଆଗରୁ ଜୁଆର !

ଏଠି ପ୍ରତି ରାତିର କପାଳରେ ଲେଖା ପର୍ବତ ଚୂରି ହୋଇ ମରୁଭୂମି
ତିଆରି ହେବାର କାହାଣୀ

ଏଠି ପ୍ରତି ରାତିର କପାଳରେ ଲେଖା ଅଦ୍ଭୁତ ଚନ୍ଦ୍ରୋଦୟ, ଯାହାର
ମୁହଁ ପୃଥିବୀରେ ଓ ଛଟା ଆକାଶମୁହାଁ

ଏଠି ପ୍ରତି ରାତିର କପାଳରେ ଲେଖା ବଜ୍ର ଓ ପ୍ରତି ବଜ୍ରର
ଆଖିରେ ଗୋଟେ ନଦୀର ଉଦ୍‌ଗମ ପାଇଁ ପ୍ରସ୍ତୁତି

ଏଠି ପ୍ରତି ରାତିର କପାଳରେ ଲେଖା ଗୋଟେ ଶ୍ୱେତାଙ୍ଗ ଭିକାରିର
ଭୂତ ଭୟ ପବନର କଳାର ପ୍ରାସାଦରେ

ଏଠି ପ୍ରତି ରାତିର କପାଳରେ ଲେଖା ପୃଥିବୀରେ ମଣିଷ ଥିବାର
ପ୍ରମାଣ ଓ ମଣିଷକୁ ହତ୍ୟା କରି ହସୁଥିବା ଗୋଟେ ଅସୁନ୍ଦର
ଜମାନବନ୍ଦୀ ଦେବତାର

ଏଠି ପ୍ରତି ରାତିର କପାଳରେ ଲେଖା ଆଉ ଗୋଟିଏ ରାତି
ହାର୍ଲେମ୍‌ରେ ଜନ୍ମ ନେବାକୁ ରହୁଁ ନଥିବା ଆଉ ଗୋଟିଏ
ହାର୍ଲେମ୍ !

ମଧ୍ୟବୟସ୍କ

କେହି ନୁହଂତି କାହାର।
ଅସଂତୁଷ୍ଟ ପିତାମାତା।
ଈର୍ଷାପର ଭାଇ। ଲୋକ ଗହଳିରେ
ଭାରିଜା ମୁହଁ ବି ବାରିହୁଏନାହିଁ।
ପିଲାଏ ଭୁଲାଇ ନେଇଯାଂତି ବଜାରକୁ ଓ
ଚିନିଘୋଡ଼ାରେ ପୂର୍ଣ୍ଣ ତାଂକର ଜାହାଜ ଫେରେ କୋଳାହଳମୟ ବଂଦରକୁ।

ମଧ୍ୟରାତ୍ରି ବୋଲି ତାଲା ପଡ଼ିଗଲା ପାନଦୋକାନରେ
ବେଶ୍ୟା ଠେଲିଦେଲା ପଲଂକରୁ ବିରକ୍ତିରେ
ଭାଂଗିଯିବାର ଅଦୃଶ୍ୟ କୌଶଳରେ ପାରଂଗମ
ଧାତବ ଦେହର ପ୍ରତିଧ୍ୱନି ଫାଂକା ଲଂବା ଘରେ।

କେବଳ ସ୍ୱପ୍ନହିଁ ନିରାପଦ। ହସ ହସ ପିତାମାତା, ଅନୁଗତ ଭାଇ
ପଛେ ପଛେ ଭାରିଜା ଚଳଇ, ଗର୍ଭାଧାନ ଲୋଡ଼ା ବେଶ୍ୟାର ଓ
ମହୁପୂର୍ଣ୍ଣ ପିଲାଂକ ବଂଦର।

କିଏ ତାକୁ ଫିଂଗିଦିଏ ଭାତଥାଳି ମଝିକୁ ଓ ତାର
ନିଦ ଭାଗିଂଯାଏ।
ଖାଦ୍ୟ ରକ୍ତରେ ପରିଣତ, ରକ୍ତ ତରଳ ଓ
ଲୋହିତ ପଦାର୍ଥ। ଧନ୍ୟବାଦ ତାକୁ ଯିଏ ନିଦ ଭାଂଗିଦିଏ।

ପୁଣି ଥରେ ବିଛଣା ଚଦର ବଦଳୁଛି।
ସ୍ୱପ୍ନ ଗତିଶୀଳ
ପବନକୁ ଥଟ୍ଟା କରୁଛଂତି ସକାଳର ଖେଳପ୍ରିୟ ଫୁଲ,
ଲକ୍ଷେ ଟଙ୍କା ବିନିମୟେ ବୀମାକୃତ ଅବଶିଷ୍ଟ କାଳ।

ମଧ୍ୟବିତ୍ତ

ମାଂସ ଓ ପରିବାମୟ ରଂଧାଘର। ଅବିଶ୍ୱାସୀ
ପରିଚାରକ ଓ ଅନିତ୍ୟ ଶରୀର। ଏକ ସୁଖୀ
ମଧ୍ୟବିତ୍ତର ସୁଂଦର, ନିରାପଦ ଘର

ସେଦିନ ତାହାର ଜନ୍ମଦିନ। ତାର କଟାମୁଂଡ
ଥୁଆ ହୋଇଥାଏ ଟେବୁଲରେ। ସଂଧ୍ୟା ଭୋଜନରେ
ବସିଥାଂତି ସହସ୍ର ବଣିକ। ରକ୍ତ ବ୍ୟକ୍ତିଗତ
ପରାଧୀନତାର ପ୍ରତୀକ ଓ ବେକ
ସହିପାରେ ନାହିଁ ମୁଂଡର ଓଜନ। ବିଚଳିତ
ଭାରସାମ୍ୟ, ଭାଗ୍ୟ ପରାଜିତ।

ସେ ନିଜେ ଘୋଷଣା କଲା ମୂଲ୍ୟବାନ କୃତିତ୍ୱ ତାହାର।
ସବୁ ସଂତୋଷର ମୂଳ କାରଣ ଅଦୃଶ୍ୟ ଅହଂକାର।
ତାର କଟାମୁଂଡ ଗଡ଼ିଆଡ଼େ ଘେରି ବୁଲେ ତାର ଲଂବାହାତ।
ସମଗ୍ର ଖାଇବାଘର ବଣିକଂକ ଲୋଭରେ ବିହ୍ୱଳ।

ଗୃହସ୍ଥ

ମୁଁ ତୁମର ସ୍ୱାମୀ ଏବଂ ମଟର ଚାଳକ
ଏହା ବ୍ୟତୀତ ମୁଁ ଯୁବକ ଓ
ମୋର ରକ୍ତ ଆଲୋକିତ
କୁଂଠିତ ଫଳର ବିସ୍ଫୋରଣରେ
ମୁଁ
ଅବ୍ୟବହୃତ ଓ ଆସଂତା ବହୁ ବର୍ଷ ପାଇଁ
ମୋ ପୁରୁଷକାର ସୁରକ୍ଷିତ ।
ଦୁର୍ଘଟଣା ବ୍ୟତୀତ
କାହାକୁ ଭୟ ନାହିଁ ।
ରାସ୍ତାର ଅଭ୍ୟସ୍ତ ଜାନୁ ସଂକଟରେ ଲୋହିତ
ତ୍ରିକୋଣର ଅଭ୍ୟୁଦୟ ଦେଖିଲି ଯେ
ନ ଦେଖିଲାପରି ଚାଲିଗଲି
ନିୟମିତ ସହବାସ ଠାରୁ
ବଡ଼ ଆଉ କେଉଁ ଦାୟିତ୍ୱ ? ମୁଁ ଆପାତତଃ
ମାନିଗଲି ଯେ ମୁଁ ସଂତୁଷ୍ଟ ଓ ମୋ'ର
ଲକ୍ଷ୍ୟ ସ୍ଥିର । ହେଲେ ଯେତେବେଳେ
ତୁମ ଶିଶୁ ପୁତ୍ରକୁ ଭୁଲାଇ ନେବ
ଗଛ ଶୀର୍ଷର ଉଦ୍ୟତ ଫଳ
ତୁମ ସହିତ ଏକାଠି କାଂଦିବା ବ୍ୟତୀତ
ମୋର ଅନ୍ୟ ଦାୟିତ୍ୱ ବା କ'ଣ ?

ଅଜ୍ଞାତବାସ

ମୋର ମଧ୍ୟ ଆନୁଗତ୍ୟ ବେଶି ନୁହେଁ
ମୁଁ କାହାକୁ କ୍ଷମା କରିନାହିଁ। ଏପରିକି
ପିତାମାତାଂକୁ। ତାଂକର
ଅପତ୍ୟ ସ୍ନେହର ଅତ୍ୟାଚାର ବେଶି ହେଲେ
ମୁଁ ପଳାଇ ଯାଇଚି ତ ନିୟମିତ
ପତ୍ନୀଂକର ଶୋକାକୁଳ ଓ ସଂତପ୍ତ ଶରୀରରର
ଅଜ୍ଞାତବାସକୁ।
ତାଂକୁ ମଧ୍ୟ କ୍ଷମା କରି ନାହିଁ।

ସେ ମୋତେ ଓଟାରି ନେଲାବେଳେ ପର୍ବତରୁ
ଉପତ୍ୟକାକୁ। ମୁଁ
ଖସିଯାଇ ଶୋଇଛି ତ ଶୁଷ୍କ ଓ ପତିତ
ସରୋବର ତଳେ ଆବିଷ୍କୃତ ହିରଣ୍ମୟ ପାହାଚର
ଶୈଶବରେ।
ଦେଖ, ମୋର ଦୁଃସାହସକୁ। ମୁଁ
କେବଳ ଗର୍ବରେ
ସଂଭାଳି ନେଇଛି ତିନିଗୋଟି ରେରେକାର
ଆପାତତଃ ମୃତ୍ୟୁର ପରମ ସୌଭାଗ୍ୟରୁ ବଂଚିତ ଓ
ଘଂଟା ପଡ଼ିବା ପୂର୍ବରୁ ପଡ଼ିଆରୁ ବହିଷ୍କୃତ।

ବଂଦୀ

ବଂଦୀ ଠିଆହୁଅ
ଦୁଇ ଗୋଡ଼ ପୋତିଦିଅ
ମାଟିରେ ଓ ଦୁଇ ହାତ
ଟେକିଦିଅ ଆକାଶକୁ

ଆଉ କେଉଁ ମୁକ୍ତି ?
କେଉଁ ନିଷ୍କୃତି ?

କେବଳ
ରୋକ୍‌ଠୋକ୍ ଯୁକ୍ତି ପବନର
ଷ୍ଟାମ୍ପ୍ କାଗଜରେ
ଟିପଚିହ୍ନ ଏ କାହାର
ତୁମର ତ ?
ଭବିଷ୍ୟତକୁ ପଚାର, ଭବିଷ୍ୟତ
ନ ଶୁଣିଲା ପରି ଘୁଂଚିଯିବ ଦୂରକୁ ।

ଅତୀତ ଆପାତତଃ ଅନୁପସ୍ଥିତ ଓ ବର୍ତ୍ତମାନ
ନିଏ ନାହିଁ କେବେହେଲେ ଦାୟିତ୍ୱ କାହାର
ଧୈର୍ଯ୍ୟ ଧର !
ଚେର ଲାଗିଯିବ
ପାଦରେ । ହାତରେ
ଫୁଟିଯିବ ଫୁଲ

କେଉଁ ଭୂଚିତ୍ରର ଅଂଶ ତୁମେ
ବୃକ୍ଷ କେଉଁ ଅରଣ୍ୟର
                    ପଗ୍ଚରନା ।
ପତ୍ନୀଂକୁ ସଂତାନ ଦିଅ
          ସଂତାନକୁ ଉତ୍ତରାଧିକାର
ଓ ତା' ପରେ
          ତାଳପତ୍ରର କୁହୁକ ଛତା ବୁଜିଦିଅ
ଦୁଃଖ ଅବାଂତର ।

ଭବିଷ୍ୟତ

ଭାଗ୍ୟରେ ଅଜ୍ଞାତ
ଡାକଘରର ମୋହର
କି ସୁନ୍ଦର
ଚିଠି ଲେଖିଆସେ ତାକୁ, ସେ ଚତୁର ସମୟକୁ
ଭାବକୁ ନିକଟ ସେ ଯେ ଅଭାବକୁ ଦୂର।
ଋଣ ଶୁଝିଦେବା ମାସ ତିନିଟାରେ
ଘର ତୋଳିଦେବା
ଲୁହ ପୋଛିଦେବା ପତ୍ନୀଂକର
ପିଲାଂକୁ ବୁଲାଇନେବା ଛାଇ ଲେଉଟିଲେ
କାଳିପୂର୍ଣ୍ଣ କଲମ; ଅଲେଖା
ଧଳା କାଗଜ; ସହଜ ଭବିଷ୍ୟତ;
ଧାଡ଼ି ସିଧା ଓ ଅକ୍ଷର ପରିଷ୍କାର
ଆଖି ବୁଜିଦେବା।
ବାକ୍ସପୂର୍ଣ୍ଣ ରେଜା ପଇସାରେ।
ଶରୀର ଝଟକେ ସୁନା ଚୂଡ଼ି ଭଳି କଳା ସିଂଦୁକରେ
ହାତଭରା ଦେଇ ଠିଆହେବା ପତ୍ନୀଂକ କାଂଧରେ
ପିଲାଂକୁ ଭୁଲାଇଦେବା ଗୋଲକଧଂଦାରେ
ଏହା ପରେ ଆଉ କ'ଣ?
ପିଲାମାନେ ଚିଠି ଲେଖି ଶିଖିବେ
ପତ୍ନୀଂକ କାଂଧ ନଇଁଯିବ ଓଜନରେ
ଘର କାଂଥ ଫାଟି ନଈପାଣି ଛୁଇଁବ ଶେଯକୁ
ଭବିଷ୍ୟତ ବୋଲି କିଛି ନାହିଁ- ଏ ଖବର
କିଏ ଖୋଲି କହିବ କାହାକୁ?

ମଧୁଶଯ୍ୟା

ମୁକୁଟରେ ମାଛଚିହ୍ନ । କୁଂଭଧଡ଼ି ଶାଢ଼ିର
ମୁକୁଟ
            ଖସିପଡ଼ିଲା ମୁଂଡରୁ କି
ବନାରସୀର ଧଡ଼ି ଚିରିଗଲା
            ସେ ଜୀବନ
କେଉଁ ତୋରଣରେ ଆସେ, ଯାଏ କେଉଁ
ପତାକା ତଳକୁ
            ଜଣାନାହିଁ ।

ଧଳା ପଲଂକ କଳା ମଶାରି
ସୁଂଦରି
            ଶେଯ ଲେଉଟାଇ କବରୀ ଫିଟାଇ କର ଭଳି କୁଚ ସଂଧିରେ
ଖୋଜେ କାହାକୁ? କିପାଇଁ?
କେଉଁ ହାଡ଼ର ଖୁଂବରେ ବିଜୟୀ ମାଂସର
ପତାକା ସେ? କେଉଁ ସ୍ୱୀକୃତିର ରୂପାଂତର
ଶୂନ୍ୟ ମଧୁଶଯ୍ୟା?

ନା ସେ ତ ନାହିଁ । ନା ଶେଯ ତଳେ
ନା ମୁକ୍ତ କବରୀରେ ନା କୁଚ ସଂଧିରେ
ତାର ପଳାୟନ ପଥ ଅଚିହ୍ନିତ
ଜନ୍ମ-ଜନ୍ମାଂତର,
ସହସ୍ର ମୁକୁଟ ମାଛ, କୁଂଭ, ଶାଢ଼ି ସତ୍ତ୍ୱେ
କେଉଁ ତୋରଣରେ ଯେ ସେ ଆସେ
ଯାଏ କେଉଁ ପତାକା ତଳକୁ!

ପୁଣି କେଉଁ
ଗୁପ୍ତଦ୍ୱାର ନେଇ ଖସିଯାଏ
ଅଜ୍ଞାତବାସକୁ
ଜଣାନାହିଁ
ହାଡ଼ର ଉଜ୍ଜ୍ୱଳ ପଲଂକ ଯେ
ଅଂଧକାର ରକ୍ତର ମଶାରି
କେଉଁ ଅପେକ୍ଷାର
ରୂପାଂତର ମଧୁଶଯ୍ୟା ? ନିଷ୍କୃତ କାହାର ?
ପଳାତକ ସ୍ୱାମୀର ? ନା ସୁଂଦରୀ ପତ୍ନୀର ?

ଧର୍ମ

ଜାଣେ, ଜାଣେ ମୁଁ ଜାଣେ
ପାପର ପ୍ରାୟଶ୍ଚିତ୍ତକୁ ଏକା
ଧର୍ମ ଆସିଲେ ନାହିଁ
ଧର୍ମ ଠିଆ ହୋଇ ରହିଲେ
ଚକ୍ରନେତର ମଧ୍ୟାହ୍ନରେ।

ଧର୍ମଙ୍କ ସ୍ୱେଦରେ ଆର୍ଦ୍ର
ମଂଦିର ବେଢ଼ାରେ ଈଶ୍ୱରଂକ
ସ୍ଥାୟୀ ଯଶକୁ ଚିହ୍ନେ। ଜାଣେ, ଜାଣେ
ମହାତ୍ମାଂକର ଅସ୍ଥାୟୀ ଯଶର ଦୁଷ୍କୃତିକୁ।
କିଂତୁ ସେଦିନ ଯେଉଁ ଦିନ
ବିନା ଅନ୍ନରେ
ବିନା ଜଳରେ
ଶୂନ୍ୟ ଉଦରର ହାହାକାରରେ
ସ୍ୱେଦରକ୍ତ ଫେରିଲେ ନୀଳାଚଳକୁ
ସେଦିନ-
କଳ୍ପତରୁର ଛାଇରେ ଲଂଗଳା ହୋଇ
ଠିଆହେଲେ ପାପନାଶନ। ଧର୍ମ ଓହ୍ଲାଇ
ଆସିଲେ ଚକ୍ରନେତର ମଧ୍ୟାହ୍ନରୁ
ଧର୍ମଂକ ମହାର୍ଘ ବସ୍ତ୍ରରେ ସ୍ୱେଦଦାଗ ରକ୍ତଦାଗ

ଧର୍ମ ଅଶୌଚ ଶୂନ୍ୟକୁ ଚାଲିଗଲେ, ଶୂନ୍ୟର
ଅପ୍ରାପ୍ତ ମଧ୍ୟରାତ୍ରିକୁ।
ଈଶ୍ୱର ଚିହ୍ନିଲେ
ପାପକୁ
ନୀତିର ମଳିନ ମୁକୁଟରେ ମଣିମାଣିକ୍ୟର ନିବୃତ୍ତିକୁ।

ସୂର୍ଯ୍ୟ

ପତ୍ରରେ ଫାଂକ ନଥାଏ ବର୍ଛାମୁନ ପାଇଁ
ଲୋମକୂପରେ ସ୍ୱେଦ ଟୋପାଏ ନଥାଏ
ବୋହିଯିବାର ଥାଏ ରକ୍ତର କେଉଁ ସମୁଦ୍ରକୁ
କିଂତୁ ବୋହିଯାଏ ନାହିଁ।

ସହସ୍ର ଜନ୍ମର ତୃଣଶଯ୍ୟାରେ
ନିରହଂକାର ଶିକ୍ଷକ
ଲୁଚାଇ ରଖଂତି ତର୍ଜନୀର ଅଗ୍ନିକୁ
ଆସଂତା ସହସ୍ର ଜନ୍ମ ପାଇଁ

ଗୋଟିଏ ନିରପରାଧ ଗୋଲ୍ ମୁହଁ କେବଳ
ପର୍ବତ ଉପରୁ ଚାହେଁ ଉପତ୍ୟକାକୁ।
ଯୁଦ୍ଧକୌଶଳ ଜାଣେ ନାହିଁ ବାଳକ
ଜାଳିପୋଡ଼ି ଦିଏ କବିର କଳ୍ପିତ ଭାରତକୁ

ପତ୍ର ପଚାରେ ପତ୍ରକୁ କହ
ବର୍ଛାମୁନ ଲାଗିଚି ତୋ'ଦେହରେ?
ଲୋମକୂପ ପଚାରେ ଲୋମକୂପକୁ କହ
ସ୍ୱେଦ ଫୁଟିଚି ତୋ ଦେହରେ?

ରକ୍ତ ପଚାରେ ରକ୍ତକୁ କହ
ମିଶିଗଲୁଣି ତୁ ମହାସମୁଦ୍ରରେ?
ଶିକ୍ଷକ ତର୍ଜନୀ ଟେକି ଦେଖାଂତି ସେ
ଦୂର ଦିଗ୍‌ବଳୟକୁ। ସହସ୍ର ଜନ୍ମପରେ
ମଧ୍ୟ ଚିହ୍ନିହୁଏ ବାଳକକୁ।

ଋଷ୍ୟଶୃଂଗ

ଏ କେଉଁ ତରୁ, ଏ କେଉଁ ଫଳ ଏ
କେଉଁ ନିର୍ଝରର ଜଳ ?

ପ୍ରଶ୍ନର ଗଭୀର ଗୁଂଫା ଭିତରେ
ଛାଇନିଦରେ ତପସ୍ୱୀ-

ସ୍ତନକୁ ଋହେଁ, ଜାନୁକୁ ଋହେଁ, ଯୋନିକୁ ଋହେଁ

ଏ କେଉଁ ତରୁର ଛାଇ, ଏ କେଉଁ ଫଳର ସ୍ୱାଦ ଏ
କେଉଁ ଜଳର ନୀଳ ?

ଗୋଟିଏ ଜନ୍ମର ଶୃଂଗରୁ ମେଘ
ଆଉ ଏକ ଜନ୍ମର ଶୃଂଗକୁ ଯାଏ
ଭାସିବୁଲେ ଓହ୍ଲାଏ ନାହିଁ ତଳକୁ
ଭସାଇ ରଖେ ଅଜରାମର ମହାକାଳ

ଉପାସ୍ଥିର ଶୂଳ, ମୈଥୁନର ଚକ୍ର, ଯୌବନର
ପାଶ। ତପସ୍ୱୀ ଇଂଦ୍ର ଦେବସଭାରେ
ନିରାଭରଣ ଉତ୍ତରର ନୃତ୍ୟ ଦେଖଂତି
ଦେବଗଣ। ମେଘ

ଋପିଦିଏ ମହାକାଳକୁ। ଶୃଂଗରୁ ଶୃଂଗକୁ
ବ୍ୟାପିଯାଏ ଅସୂର୍ଯ୍ୟ ଅଂଧକାର। ଜନ୍ମଜନ୍ମର
ଅନୁଶାସନ ପଢ଼ିଜାଣେ ନାହିଁ ତପସ୍ୱୀ
ଏବେ କିଂତୁ ଚିହ୍ନେ ସ୍ତନକୁ, ଚିହ୍ନେ ଜାନୁକୁ

ଚିହ୍ନେ ଯୋନିକୁ। ଫଳ ମାଗେ ଜଳ ମାଗେ
ପ୍ରଶ୍ନର ଗୁଂଫାରୁ ଶରୀର
ରାଜଦାଂଡରୁ ଶରୀର
ରାଜଦାଂଡକୁ ଆସେ ଘୋରବର୍ଷାରେ
ବଜ୍ର-ବିଜୁଳୀରେ ଟଳମଳ

ମହାକାଳର ପେଟଭିତରେ ଇସ୍ପାତ୍‌ର
ଛୁରୀ ଖଂଡେ ପଡ଼ିରହେ ପଡ଼ିରହେ
କଳଂକି ଲାଗେ। ଦେବସଭାରେ
ନିରାଭରଣ ଉତ୍ତରଟିଏ ନାଚି ନାଚି ନାଚି
ଅବଶ ହୁଏ, ବାଂଧିହୋଇପଡ଼େ ନିଜ ତାଳରେ
ନିଜେ। ତପସ୍ୱୀ
ସେହି କଳଂକିଲଗା
ଇସ୍ପାତ୍ ଛୁରୀରେ, ହତ୍ୟାକରେ
            ଦେବଗଣଂକୁ
ନିରଂକୁଶ ଇଂଦ୍ର ହୋଇ ବସେ
ବୃଷ୍ଟି ମାଗେ, ସୃଷ୍ଟି ମାଗେ

ନା ନା ନା ଉତ୍ତର ଦିଏ ମହାକାଳ

ପ୍ରଶ୍ନର ଗଭୀର ଗୁଂଫା ଭିତରକୁ
ଫେରିଯାଏ ପୁଣି ତପସ୍ୱୀ। ନା ଫଳକୁ
ଚିହ୍ନେ, ନା ଜଳକୁ ଚିହ୍ନେ

ଅପେକ୍ଷା ପୁଣି ପରଜନ୍ମର ଉତ୍ତରକୁ।

ବସୁଂଧରା

ପ୍ରସ୍ତୁତ ବସୁଂଧରାକୁ
ଭୋଗ କରିବା ପାଇଁ
ସମୟ କାହିଁ ହାତରେ ?

ସାରା ଦିନର ଫାର୍ସା ଚଳାଇ
କେବଳ ଈର୍ଷାରେ
ବଢ଼ି ଯାଉଥିବା ଅମରୀ ଲଟାର
ମୁଣ୍ଡ ହାଣିବା କାମ

ରାତିରେ, ଶୋଇବା ଘରର
ଚଟାଣ ତଳେ
ଚେର ବ୍ୟାପିଯିବାର ଭ୍ରମ ।

ଆଉ ସମୟ କାହିଁ ?

ଦିନେ କେବେ ସମୟ ହେବ,
ସେଦିନ ଅମରୀ ଲଟାରେ
ବାଂଧିହୋଇଯିବ ପର୍ଶୁରାମ,

ଶୋଇବା ଘରର ଚଟାଣ ଫଟାଇ
ଉଠିଆସିବ ମହାଦ୍ରୁମ
ସେଦିନ ସମୟ ଥିବ
କିଂତୁ ପ୍ରସ୍ତୁତ ନଥିବ ବସୁଂଧରା,
ତୃଷା ନଥିବ ମାଟିରେ ।

ପରିଚୟ

କେହି କାହାକୁ
ଚିହ୍ନପାରେ ନାହିଁ,
ପରିଚୟର ଅଂଧତ୍ୱରେ ହିଁ
ଦିଗ ବଦଳିଯାଏ ।

ପରସ୍ପରର ତୀରରେ ବିଦ୍ଧ
ଯୋଦ୍ଧା ଦିଜଣ
ଏକା ବସ୍‌ରେ ଘରକୁ ଫେରନ୍ତି
ବ୍ରିଫ୍‌କେଶ୍ ହାତରେ
ଗଳି ମୋଡ଼ରେ
ପରସ୍ପରର ଛାଇ ଦିପଟେ
ବିହ୍ୱଳ ଶତ୍ରୁ ଦିଜଣ
ପରସ୍ପରକୁ ଫେରାଇ ଦିଅନ୍ତି
ମଲା ହସର ଶ୍ମଶାନକୁ

ସେଇଠି, ବଦଳିଯାଏ ଦିଗ
ଜଳିପୋଡ଼ି ଯାଏ ଅହଂକାର
ବ୍ରିଫ୍‌କେଶ୍‌ରେ ପଥର ହୁଏ
ଗଳି ମୋଡ଼ରେ
ହାତବୋମା

ଗଳି ମୋଡ଼ରେ
ହତ ଅଶ୍ୱତ୍ଥାମା
ଗୁଂଜର ! ଗୁଂଜର !

କେହି କାହାକୁ
ଚିହ୍ନିପାରେ ନାହିଁ
ପରିଚୟର ସେ ଅଂଧତ୍ୱରେ
ଯୁଦ୍ଧ ସରିଗଲା ପରେ
ଦେଖାହେବ

ଓଃ ଦେଖାହେବ
ଆଜିଠାରୁ ବହୁ ବର୍ଷ ପରେ
କେବେ ଦିନେ

ସତ୍ୟର ସିଦ୍ଧବଟ ମୂଳେ
ନଚେତ୍ ସଂଧ୍ୟା ସାତଟାରେ
କଫିହାଉସ୍‌ରେ ।

ପରଦିନର ସକାଳ ତମର !

ଏକାକୀ ଅଶ୍ୱାରୋହୀକୁ ପଚ୍ଚର।
ପଚ୍ଚର ମର୍ମର ପାହାଚରୁ
ଓହ୍ଲାଇ ଆସୁଥିବା ଦ୍ୱିଜକୁ
ନଚେତ୍ ନିମିଷକର ଧୃତିରେ ଧରା
ତ୍ରିକାଳକୁ।

ତମର ରାସ୍ତା ଯେ ସରିବ ନାହିଁ,
ତମର ପାତାଳ ଯେ ଅନେକ ତଳେ
ତମେ ଯେ ନିହିତ ବୀଜ
ଇହକାଳର ମୃତ୍ତିକାରେ
ତେଣୁ, ଏକାକୀ
ଅଶ୍ୱାରୋହୀକୁ ପଚ୍ଚର :

କେଉଁ ଲକ୍ଷ୍ୟର ଅଭ୍ୟଂତରକୁ
ଅଶ୍ୱ ଚଳାଇନିଏ
କେଉଁ ଜନପଦକୁ ?
କେଉଁ ଜଳାଧାରକୁ ?
କେଉଁ ଦୁର୍ଗର ଛାଇରେ ଛାଇରେ ଯାଏ ?
ଡେଇଁପାରେ ନାହିଁ କେଉଁ ପରିଖାକୁ,
ଲକ୍ଷ୍ୟର ଚ୍ଚରିସୀମା ଘେରି
ବୋହି ଚ୍ଚଲିଥିବା ନିଷ୍ଫଳତାକୁ ?
ତେଣୁ ଦ୍ୱିଜକୁ ପଚ୍ଚର :
ମର୍ମର ପାହାଚରେ ଲିପ୍ତ ରକ୍ତ
ଶ୍ୱାପଦର ନା ସନ୍ନ୍ୟାସୀର ?

ଦେବତା କେଉଁ ହାତରେ
ଲୁଚାଇରଖେ ନିଷ୍କାମ ସୁଖ ?
ଆଉ କେଉଁ ହାତରେ
ବଢ଼ାଇ ଦିଏ କର୍ମଫଳ
ପରଦିନର ଗ୍ରାସ ମୁହଁକୁ ?
ତେଣୁ ତ୍ରିକାଳକୁ ପଚାର :
ଗୋଟିଏ ଦିନର ପ୍ରଦୀପ ଜଳେ
ଚିରଦିନର ହିଲ୍ଲୋଳରେ,
ଜଳେ ନିଭେ ପୁଣି ଜଳେ,
ନା ରାତି ଦିନର ଅଂଗାର ଥାଏ
ନା ପରଦିନର ସଂଦୀପନ, ତେଜ
ମାଟିରୁ ଉଠେ ବାୟୁରେ ଭାସେ
ଲୀନ ହୋଇଯାଏ ବ୍ୟୋମରେ, ବୀଜ
କ୍ଷୟ ହୋଇଯାଏ ଶୃଂଗାରରେ,
କିଏ ଜଳାଇ ରଖେ
ପ୍ରଦୀପକୁ ତେବେ କିଏ
ଚିହ୍ନାଇଦିଏ ଧୃତିକୁ ତମର ଧରାତଳକୁ ?

ପରଦିନର ସକାଳ
ତମର ନୁହେଁ। ପରଦିନକୁ-
ଅଶ୍ୱାରୋହୀର ଶବ ପଡ଼ିଥିବ ପଶ୍ଚିମରେ
ପରଦିନକୁ ଆତୁର ଦ୍ୱିଜ
ଗିଳି ସାରିଥିବ କର୍ମଫଳକୁ
ପରଦିନକୁ ଉଡ଼ିଯାଇଥିବ ତ୍ରିକାଳ ତମର
ନିମିଷକର ଅପଚୟରୁ
ଚିରାୟତର ଦ୍ୱିଧାକୁ।

ଖେଳ ଚାଲିଛି

ନଟୀ ମୁହଁରେ ସେଇ ଗୋଟିଏ କଥା-
ଗଲାଣିତ ଗଲା କଥା ଗଲାଣିତ,

ତେଣୁ ଭାବିନେବାକୁ ହୁଏ
ଖେଳ ଚାଲିଚି (ଚାଲିଚିତ !)
ସେତିକି ଭାବିନେବାକୁହିଁ
ବଡ଼କଥା, ଗଲା କଥାର ଦ୍ୱାପରରୁ
ଏ ଯାଏଁ କୌଣସିମତେ
ବଂଚିରହିବା, ଜଣେ ଦିଜଣ
ଗୋପାଳଙ୍କ ଲୀଳାଖେଳା ପାଇଁ
ସେଇ ବଡ଼ କଥା ।

ଦିନ ବଢ଼ି ଚାଲିଚି । ଦିନ
ଖାଇ ଚାଲିଚି ଦିନକୁ ।

ନଟୀ ମୁହଁରୁ କଥା ଛଡ଼ାଇ
ଜଣେ ଗୋପାଳ ଚାଲିଯାଇପାରେ
ଆଉ କେବେ ନ ଫେରିବାର ଯୌବନକୁ,

ଆଉ ଜଣେ ଗୋପାଳ
ବୁଢ଼ା ହୋଇଯାଇପାରେ
ଗଲା କଥାର ଫେରି ନ ଆସିବା ପଛରେ
ବିସ୍ମୃତ ଯୌବନର ପର ସକାଳକୁ,

ଭବିଷ୍ୟତ ପାଇଁ
କଣ ଆଉ କରାଯାଇପାରେ
ଏଭଳି ଅବସ୍ଥାରେ ?

ଖେଳ ଚାଲିଚି ବୋଲି
ଭାବି ନେବା ପରେ
ଆଉ କିଛି ଘଟିନପାରେ,

ଅଥଚ, ସାରା ପୃଥିବୀ
ଅପେକ୍ଷା କରି ବସିରହେ
କିଛି ଗୋଟାଏ ଘଟିଯାଇପାରେ
ଏହି ଆଶାରେ ।

ରାଜପ୍ରାସାଦ

କିଛି ଗୋଟାଏ ଭୂଲ୍ ଥିଲା ନିଶ୍ଚୟ
ରାଜପ୍ରାସାଦର ଜ୍ୟାମିତିରେ -
ଯେତେ ଭୁରୁ ଟେକିଲେ ବି
ସୂର୍ଯ୍ୟ କିରଣ ପଡ଼ିଲା ନାହିଁ
ବଡ଼ଭୀରେ,
କାଂଥର ଶଂଖମର୍ମର ଉପରେ
ଆସକ୍ତ ହୋଇ ଶୋଇରହିଲା ଶାର୍ଦ୍ଦୂଳ,
ଶୀତ୍‌କାର ଉଠିଲା ନାହିଁ
ସ୍ତନାଂକୁରରେ ।

ସେଇଥିପାଇଁ
ସ୍ୱପ୍ନକୁ ଭାଙ୍ଗିଦେବାକୁ ହେଲା,
ପୋତି ଦେବାକୁ ହେଲା ହିରଣ୍ମୟୀକୁ
ଇଟା କୁଢ଼ରେ ।

ରାଜପ୍ରାସାଦ ବଦଳରେ
ରାଜପ୍ରାସାଦ
ସବୁବେଳେ ହିଁ ଥିଲା

କିଛି ଗୋଟାଏ ଭୂଲ୍ ଥିଲା କେବଳ
ରାଜପ୍ରାସାଦର ଜ୍ୟାମିତିରେ ।

ଉପାୟ

ରକ୍ତ ଦେଖି ଡରନା ।
ବଳି ମାଂସର ଏ ଭାଗଟି
ତମର-ନିଅ, ରାନ୍ଧ,
ପିଲାଙ୍କୁ ଦିଅ, ନିଜେ ଖାଅ,
ଯାଅ ।

ପରଂପରାକୁ
ଭୋଗ କରିବାର
ଇଏ ବି ଗୋଟିଏ ଉପାୟ
କେତେ ନିର୍ଭୟ ମୁଁ
ମୋତେ ଦେଖ ।
କାଲି ରାତିରେ
ସ୍ୱପ୍ନ ସହିତ ହାତାହାତିରେ
ହୁଏତ ଟୋପାଏ
ରକ୍ତ ଲାଗି ଯାଇଚି ଗଂଗଶିଉଳି
ଗାଲରେ,

ଏଥିରେ ଭୟ କ'ଣ ?
କ୍ଷୟ ତ ଟିକିଏ ବୋଲି
ଆଉ ସବୁତ ଉଦୟ !

ହାତଗୋଡ଼ ନଥିବା ପରଂପରାକୁ
ଫୁଲ ସିନ୍ଦୂର ଲଗାଅ ନନା,
ବାଜା ବାଜୁ,
କାଳିସୀ ନାଚୁ,

ଆଜି ଦିନକୁ ଭୋଗ କରିବାର
ଇଏ ବି ଗୋଟିଏ ଉପାୟ ।

ଗ୍ରହଣ

ଭାବିବା ପାଇଁ ସମୟ ନାହିଁ,
କିଛି ଗୋଟାଏ କରିଦେବାକୁ ହେବ
ଏଇ ମୁହୂର୍ତ୍ତରେ, ନଚେତ୍
ପଥର ପାଲଟିଯିବ ସାରା ସକାଳ
ପର ଦୃଶ୍ୟରେ ।

ବ୍ୟାଧିକୁ ରଖ ବୀଜରେ,
ଅଭିମାନକୁ ଆଦର୍ଶରେ,
କ୍ଷୋଭକୁ କ୍ଷମାରେ ଓ
ହିଂସ୍ରତାକୁ ହସରେ,

ତାପରେ
ବଦଳିଯାଅ ଏମିତି
କିଛି ହୋଇନି ଯେମିତି -
ସବୁଦିନର ଦ୍ୟୁତରେ ମତ୍ତ
ନବଦଂପତି ।

ସୂର୍ଯ୍ୟକୁ ସାକ୍ଷୀରଖି କୁହ :
କିଛି ହୋଇନଥିଲା କାଲି ରାତିରେ
ଖାଲି ଟିକିଏ ଗ୍ରହଣ
ଲାଗିଯାଇଥିଲା ଚନ୍ଦ୍ରମାରେ ।

କର୍ମଯୋଗ

ଶାଗ ପଟାଳିରେ
ସୂର୍ଯ୍ୟର ରକ୍ତଜଳା ଝଲିଚି
ବୁଢ଼ିଆଣୀ ଜାଲରେ
ସକାଳର ମୁକ୍ତା ସଞ୍ଚୟ ବି।

ଏଇତ ମୋଟାମୋଟି ଅବସ୍ଥା : ଦରିଦ୍ର
ପୃଥିବୀର ପରମାର୍ଥ ଓ କୃପଣତା।

ଏଇତ ସମୟ, ଏତିକିବେଳେ
ଇହକାଳର କାମ ସାରିଦେବାକୁ ହେବ :

ଚୁମ୍ବକରେ କହିଲେ- ଧୂଳିରେ ଲୋଟି
ଖେଳି ଝଲିଥିବା ଅବୋଧ ଐଶ୍ୱର୍ଯ୍ୟକୁ
ଉଠାଇ ନେବାକୁ ହେବ କୋଳକୁ,
ଏତିକିବେଳେ।

ୟା' ପରେ ଜୁଇଜାଇର ବାରଣ୍ଡାରେ ଆରମ୍ଭ ହୋଇଯିବ
ସେଇ ପ୍ରସିଦ୍ଧ ପୋକଟିର
ପଦଝରଣା : ଶେଷହୋଇ ଆସୁଥିବା
ପ୍ରଲୋଭବନର ସୁବାସ ଭିତରେ
ପୃଥିବୀ ବଦଳିଯିବ।

ପରକାଳର ପ୍ରଶ୍ନ ଉଠାଇଲ ଯେ ନନା,
ପରକାଳକୁ କିଏ ଦେଖିଚି ?

କର୍ମଫଳକୁ
ଏଇନେ ପାଇ
ଏଇନେ ଖାଇ
ମୁହଁ ପୋଛିଦେବାହିଁ କର୍ମଯୋଗ
ଆମର ।

ପରକାଳ ପହଂଚିଲେ
ଦେଖିବା, ସେଠି ବି କିଛି
ଉପାୟ ଥିବ ବଂଚିଯିବାର ।

ମିଛ

କାହାକୁ କିଛି ନକହିପାରି
ରୁଂଧି ହୋଇଯିବା ନିଜର
ଅକ୍ଷମତାରେ, ଚୁଲିରେ
କଂଚା କାଠର କୁହୁଳି ଚାଲିବା
ଯାବଜ୍ଜୀବନ, କାଳ୍ପନିକ
ହାଂଡିରେ ମିଛଭାତର
ଫୁଟି ଚାଲିବା ଟମ୍‌ମଗ୍ :

ଏଇ ବୋଧହୁଏ
ସାରା ଜୀବନର ସ୍ଥାପତ୍ୟ
ଯାକୁଇ ବଦଳାଇ ଦେବାକୁ ହେବ
କୋଣାର୍କରେ, ମରିଯିବା ଆଗରୁ

ପାରିବି ?

ମଂତ୍ର ଜାଣେ
ତଂତ୍ର ଜାଣେ
ସାଦୃଶ୍ୟ ଓ ସାମଂଜସ୍ୟରୁ
ବାସ୍ତବତାକୁ ବାହାର କରି
ଜାଣେ। ହେଲେ
ଜାଣେନାହିଁ ଭୋକକୁ
ରକ୍ତମାଂସରେ ବଦଳାଇ ଦେବାର
ନ୍ୟାୟ, ତର୍କକୁ

କୋଣାର୍କରେ ସାକାର କରିବାର ଉପାୟ-
ସେଇଥି ପାଇଁ
ଏତେ ସଂଦେହ, ଏତେ ଭୟ।

ସଂଧ୍ୟା ପରେ
ଦର୍ପଣର ପରିହାସ ଯଦି
ବଦଳିଯାଏ ପଥରର ପ୍ରୟୋଜନୀୟତାରେ
ରାତି କାଟିବା ପାଇଁ
ଦିଗ୍ବରିଜଣ ଖୁନୀ ଅପ୍‌ସରାଙ୍କ ଛଡ଼ା
ଯଦି କେହି ରହନ୍ତି ନାହିଁ କୋଣାର୍କରେ

ତେବେ, ଝୁଂଟି ପଡ଼ିଲା ବେଳେ
ବାଲିରୁ ବୈଦୁର୍ଯ୍ୟକୁ
ଅଲଗା କରିବା କାହିଁକି ?
କାହିଁକି ବଦଳାଇ ଦେବା
ଆଜି ଦିନର ମୂକ ସ୍ୱୀକୃତିକୁ
ଅମରତ୍ୱରେ ? କୋଣାର୍କକୁ ବା
ଖୋଜିବା କାହିଁକି ଭାତ ହାଂଡିରେ ?

ବରଂ, ଦି' ମୁଠା ମିଛଭାତକୁ
ଚିକ୍‌କଣ କରି ବାଢ଼ ମିଛର ଥାଳିରେ
ହାଂଡିର ପେଟରେ ଚିତ୍ର ଲେଖା ମାଛର
କୁହୁଲୁ ଥାଉ କଂଚ କାଠ
ସେମିତି ଚୁଲିରେ ଧୀରେ ଧୀରେ

ଲୁହ ଥାଉ ସେମିତି ଆଖିରେ
ଯେମିତି କିଛି ନକହି ପାରିବାର ଅକ୍ଷମତା
ଆମର ବର୍ଷବର୍ଷର ଆଲିଂଗନରେ।

ସୁଖ

କାହାକୁ ଯଦି ମିଳିନି କେବେ
ମୋତେ ମିଳନ୍ତା କେମିତି
ଗୋଟାକଯାକ ସୁଖ ? ମୋର
କବିତ୍ୱ କଣ ଯଥେଷ୍ଟ
ଆଦାୟ କରିନବା ପାଇଁ
ତାର ନିଜର ମାଂସ ପୁଳାକ
କାଳର ବିପୁଳ ଅଶ୍ୱମେଧରୁ ?

ଏମିତି ବି ନୁହଁ ଯେ
ସୁଖ ବୋଲି କିଛି ମିଳିନି କେବେ,
ମିଳିଚି-

ଯେମିତି ସେଦିନ
ଭୋଗମଣ୍ଡପରୁ
ଉଠିଯାଉଥିବା ଉପରଓଳିର
ପରିତୃପ୍ତ ଖରା ଲାଖି ରହିଲା
ଆଉ କିଛି ସମୟ
ଓଠରେ

ଯେମିତି ସେଦିନ
ଘୋର ବର୍ଷା ରାତିରେ
ଶେଷ ଟାଉନ୍‌ବସ୍‌ରୁ
ଓହ୍ଲାଇପଡ଼ି
ଶୋଇବା ଘରର ଅରାଏ

ଦୀପାଲୋକ ଭିତରକୁ
ଓଦା ସରସର ହୋଇ
ପଶି ଆସିଲା ପବନ,

ଯେମିତି ସେଦିନ
ଚୌରାଳିଶ ମହଲାର
ଛାତ ଉପରୁ ଡେଇଁ ପଡ଼ିଲାବେଳେ
ପାଦ ଛଂଦି ଦେଲା ବିଜୁଳି
ସବୁ ବୁଝିଲା ପରି
ବାଟ ଆଗୁଳି ଠିଆ ହୋଇଗଲା
ସାମ୍ନାରେ,
ନିଆଁର ଯୋତା ହଳେ ଧରି ହାତରେ,

ହଉ ସେତିକି ହଉ
ନ ମିଳୁ ପଛେ କୋଉଠି ଗୋଟେ ଥାଉ
ଗୋଟାକଯାକ ସୁଖ-

ମରୁଭୂମିର ଫସଲରେ ନଥାଉ ପଛେ
ମରୀଚିକାର ଦା'ରେ ଥାଉ।

ହଂସ-ନାରାୟଣୀ

ଦୁଃଖ କଣ ? ସୂର୍ଯ୍ୟାସ୍ତରେ
ହଂସ ନାରାୟଣୀ ଭୁଲାଇପାରେ
ହଂସକୁ, ମୋତେ ନୁହେଁ -

ମୁଁ କାନ୍ଦିଲାବେଳେ ବି
ଖାଉଥାଏ ମୋର ଥାଳିପୂର୍ଣ୍ଣ ସୁଖକୁ,
କୋଳ କରିଥାଏ ସଂଗ୍ରହିଣୀକୁ ।

ମୋର ଦୁଃଖ କଣ ?

ପଛରେ ପଛରେ ଛାଇଭଳି
ଗୋଡ଼ାଇଥିବା ଦୁଃଖକୁ
ଫେରି ଚାହିଁନାହିଁ ବୋଲି ଏତେ
ଦୁଃଖ ତୋର ? ବେଶ୍

ନାରଙ୍ଗୀ ମେଘ ଗାଲରେ
ଲାଲ୍ରଙ୍ଗର ଲୁହଟୋପାକ ତ
ଦେଖିବା କଥା, ଦେଖିନେବି

ଯେତେବେଳେ ଛାଇନଥିବ
ହଂସର ଭାସିଲା ବେଳେ
ହ୍ରଦର ପାରଦ କୁହୁକରେ

ସୁଖନଥିବ ପ୍ରତିଦିନର ଖାଲିଥାଳିରେ ।

୪୬ | ହରପ୍ରସାଦ ଦାସ

ଆତ୍ମଦାନ

ମନେ ନଥାଏ
କିଏ କେତେକାଳ
ରହିଲା କାହାର ନିଜର ହୋଇ
କାହାକୁ କିଏ
ଥରଟେ ଖାଲି ଡାକି ଦେଇଗଲା
ଯିବା ଆଗରୁ -

ଅଥର୍ବ ଜାମୁଡାଳ
ପିଟି ହେଲାବେଳେ
ବିଦାୟର ଅଧାଆଉଜା
କବାଟ ଉପରେ।

ମନେ ନଥାଏ
ଯାଉ ଯାଉ କିଏ ଫେରିଲା
ଧ୍ୱଂସର ଚିତ୍ରବୀଥିରୁ,
ଧାଡ଼ିବାନ୍ଧି ଠିଆ ହୋଇଥିବା
ଅସଂଖ୍ୟ ଗୀତର ମୌନତାରେ
ବାଣ୍ଟିଦେଇ
ମାତ୍ର କେଇଟାପଦର ଆଡମ୍ବରକୁ।

ମନେ ନଥାଏ
କିଏ ଝୁଲିଗଲା
ସବୁ ନୀଡ଼ର ଐଶ୍ୱର୍ଯ୍ୟକୁ
ଏକାଠି କରି
ନିଜ ହାତରେ ସଜାଇଥିବା
ନିଜର ସମୃଦ୍ଧ
ବରାଭୟର ଫାଶୀରେ।

ସବୁ ପାଶୋରି
ଆଗକୁ ଆଗକୁ ଆହୁରି ଆଗକୁ
ଯିବାକୁ ହୁଏ -

ମାଛ ପେଟରୁ
କାଢ଼ିବାକୁ ପଡ଼େ ମନ୍ତ୍ର
ନିଷ୍ପାପ ଶିଉଳିରେ,

କଇଁଚ ପିଠିରେ
ଥୋଇବାକୁ ହୁଏ ଭାର
ଅଭିଶପ୍ତ ଆଦର୍ଶର,

ଦାନ୍ତରେ ଧରି
ଟେକିବାକୁ ହୁଏ ରସାତଳକୁ
ଧସିଯାଉଥିବା ମାନ
ମେରୁର,

ଲଙ୍ଗଳରେ ଖୋଳି
ମୂକ ପ୍ରାର୍ଥନର ବଂଜରରେ
ପକାଇବାକୁ ପଡ଼େ
ପ୍ରୟୋଜନର ସିଆର,

ଭୀଷଣ ପ୍ରତିହିଂସାରେ
ଖେଳିବାକୁ ବି ହୁଏ
ଋଣ ଶୁଝିବା ପାଇଁ
କୃପଣ ଇତିହାସର

ବିଶ୍ୱାସ କର
କେତେ ଯେ କଣ
ହବାକୁ ହୁଏ,
କେତେ ରୂପରେ
ଯିବାକୁ ପଡ଼େ
ଉଠି ପଡ଼ି ଭାଙ୍ଗି ଉଜୁଡ଼ି,

ମନେ ନଥାଏ
ଟିକିଏ କିଛି-
କିଏ ଯେମିତି

ମାଟି ଉପରେ ଆଗକୁ ଯିବାର
ଧଇଁସଇଁରେ
ପୋତି ଦେଇଥାଏ
ମଞ୍ଜି ଛାଏଁ ଛାଏଁ
ଭୂଲିଯିବାର ।

ଆଗକୁ ଆଗକୁ ଆହୁରି ଆଗକୁ
ଯିବାକୁ ହୁଏ,

କିଂତୁ ସେ ଯାଏଁ
ଗଳିମୁଣ୍ଡର ଖଣ୍ଡିଆଭୂତ
ପିଣ୍ଡାଯାକେ ଆସିବା ତ ଦୂରର କଥା
ବିଚରାର କୁଟାକାଠିର
ପାଦ ବି ତିଆରି ସରିନଥାଏ,
ତାକୁଇ ନେଇ
କାନ୍ଧ ଉପରେ
ଚଳିଥାଏ ଖରାର
ହାତୁଡ଼ି ମାଡ଼ ।
ଧୂଳିମୁଠାଏ ହାତରେ ନେଇ
ସୁନା କିରୀଟ ଗଢ଼ିବା ପାଇଁ
ବାହାରିଥାଏ ଯିଏ-

ଆହୂତି ତାର
ପଡ଼ିସାରିଥାଏ ନିଆଁରେ
ହେଲେ,
ଆତ୍ମଦାନର ଶିଖା
ତଥାପି
ଉଠିନଥାଏ କୁହୁଳୁଥିବା
ଅଙ୍ଗାରରୁ ।

କିମାଶ୍ଚର୍ଯ୍ୟମ୍

ସେ ସବୁ କିଛି
ଦିଶେନାହିଁ ଖାଲି ଆଖିକୁ,

ନିର୍ବାସନର ଦୀପଟିଏ
ହାତରେ ନେଇ
ଯେଉଁ ଛାଇଟି ପିଣ୍ଡାଡେଇଁ
ପାଦ ଦେଇଚି ଅଗଣାରେ,
ତାର ଯିବାର କଥା, ସେ ଯିବ।

ଯାହାକୁ ଦେଖୁଚ
ଅସାଡ଼ ହୋଇ ପଡ଼ିଚି
ଅଲଂଘ୍ୟ ଶେଯର
ଅବାସ୍ତବ ଦୁଇକୂଳ ମଝିରେ
ସେ ସେ ନୁହେଁ
ସେ ତାର ଅଭିଶପ୍ତ
ନିଦ ଯୁଗ ଯୁଗର
ପଥର ହୋଇଯାଇଚି
ସୁଅ ଖୋଜିଲା ବେଳେ ଇତିହାସ
ଭରାନଈରେ।
ଏଥିରେ ଆଶ୍ଚର୍ଯ୍ୟ ହବାର
କଣ ଅଛି ?

- ଅଛି କି କିଛି
ଅସାଧାରଣତା
ନିଦଭୋଳରେ

କୀଟର କେଶରରୁ
ମୁକ୍ତହେବାର ପ୍ରୟାସରେ ?

- ଅଛି କି କିଛି
ଚତୁରତା
ଦୂରପର୍ବତର ଶିଖରରେ
ଦିନ ଥାଉଁ ଥାଉଁ
ସନ୍ଧ୍ୟାର ଛବିଳ ସୂତ୍ରପାତରେ ?

ଯାହା ପ୍ରାପ୍ୟ
ସବୁ ଯଦି ଦାନ ରଂଭୋରୁର
ତେବେ,
ମାଟିର ମାଧ୍ୟାକର୍ଷଣ
କାହିଁକି ଟାଣେ ?
କାହିଁକି ତାକୁ
ଉଠିଯିବାକୁ ହୁଏ
ଅଧରାତିରେ
ସେ ଯାଏଁ ଶୂନ୍ୟରେ
ଖଣ୍ଡ ଖଣ୍ଡ ହୋଇ
ପଡ଼ିଥିବା ଉଷାର ଅପୂର୍ବ
ଅବୟବକୁ ଏକାଠି କରି
ଗଢ଼ିଦେବାର ପ୍ରଲୋଭନରେ ?

ଭୋଗିଲାବେଳେ ଯୋଷାକୁ
କାହିଁକି ସେ ଭାବେ
ଆକାଂକ୍ଷାର ଅପାର୍ଥିବ
ନଖରେ ତାର
ଲାଗିଚିକି ଛଟପଟ
ରକ୍ତ ଟୋପାଏ ଅସହାୟ
ରାତିର ?

ରହିଯାଇଚି କି
ତଥାପି ଟିକିଏ ଅବିଗୁଣ
ତାର ଅପାରଗତାର
ଭୀଷଣ ସିଂହଠାଣିରେ ?

ଜାଣେନା ସେ
କେତେବେଳେ
ସକାଳ ହବ

ଦୂରଦେଶରୁ ଭ୍ରାନ୍ତିର
ନାନା ଫଳମୂଳ ନେଇ
କେବେ ଫେରିବ ସେ
ନିର୍ବାସନରୁ,

ଏତିକି ଜାଣେ,
ସେତେବେଳକୁ
ଉଠିସାରିଥିବ ତାର ନିଦ,

ଆତତାୟୀ
ଅପେକ୍ଷାକରି
ଠିଆ ହୋଇଥିବ
ଶେଯର ନିବିଡ଼
ଚିତ୍ରଲତାର ଅନ୍ତରାଳରେ
ସମ୍ମୋହନର
କ୍ଷିପ୍ର ଜାଲଟିଏ ଧରି
ହାତରେ ।

ଏଥିରେ
ଆଶ୍ଚର୍ଯ୍ୟ ହବାର
କଣ ଅଛି ସତରେ !

ପଡ଼ୋଶୀ

ଯିବାଆସିବା ଲାଗିରହିବ ଏଣିକି
ଆପଣଙ୍କର ମୋ ଘରକୁ, ମୋର
ଆପଣଙ୍କ ଘରକୁ। ସୁଖଦୁଃଖରେ
ଆପଣ ଲୋଡ଼ିବେ ମୋତେ, ମୁଁ ଆପଣଙ୍କୁ।

ଇଏ ବି ଗୋଟିଏ ଖେଳ - ଆପଣ
କଥାରେ କଥାରେ ହାଣି ଦେଉଥିବେ ମୋତେ,
ମୁଁ ଆପଣଙ୍କୁ। ରକ୍ତର ଛିଟାଟିକେ ବି
ପଡୁନଥିବ ନୂଆ ନୂଆ ଚୂନଧଉଳା କାନ୍ଥରେ
ଘା' ଶୁଖିଯାଉଥିବ ଆପେ ଆପେ।

ସାଙ୍ଗହୋଇ ବସୁଥିବା ଗୋଟିଏ ନାହାରେ
ବେଳଦେଖି ଆପଣ ମୋତେ ଠେଲି ଦେଉଥିବେ
ପାଣିକୁ, ମୁଁ ଆପଣଙ୍କୁ।

ହସିବାଛଡ଼ା ଆଉ ଉପାୟ ନଥିବ
ମଝିନଈରେ।

ଖେଳରେ ଖେଳରେ
ସନ୍ଧ୍ୟାହେବ ଯେତେବେଳେ-

ଅନ୍ଧକୂଅରେ ଢୁଲ୍‌ଢାଲ୍ ହୋଇ
ପଡ଼ିବେ ଆସି ଆକାଶ ଦାଢ଼ରୁ
ଉହ୍ନୁଁକି ପଡ଼ି ଖେଳ ଦେଖୁଥିବା
ଉଦଗ୍ର ତାରା ପଂଝାଏ,

ଆପଣ ମୋତେ ପଚାରିବେ- ଆପଣ
କିଏ ? ମୁଁ ବି ଆପଣଙ୍କୁ
ପଚାରିବି- ଆପଣ କିଏ ?

କୂଅରେ ପଡ଼ି ଧୀରେ ଧୀରେ
ମଣିଷ ହେଉଥିବା ତାରା ପଂଝାକ ଭାବିବେ-

ଗାଡ଼ି ଯଦି ତୟାର୍
ଏମାନେ ଯାଉନାହାନ୍ତି କାହିଁକି ?
ଜଣେ ଜାମାଯୋଡ଼ ହୋଇ
ଯିବ ଯିବ ହଉଚି କେବଠୁ
ଆଉଜଣେ ପଟେ ଧାରୁଆ ହସର
ଖଣ୍ଡାକୁ ବସି ଆଉଁସୁଚି
ସେତିକିବେଳୁ ।

ଏଇଥରକ

କେତେଜଣ ଏକାଠି କରି
ଗଢ଼ିଚ ମୋତେ-
କେବେ ଶୁଖୁନଥିବା ନଈରୁ
ନେଇଚ ପାଣିଟୋପାଏ,

ନିଆଁଟିକିଏ ପାଇଚ ରସାଳ
ପିଆଶାଳକୁ ଘଷି ବୃକ୍ଷାଳ
ମେହଗାନୀରେ,

ଧୂଆଁ ସୋରାଏ
ଭସାଇ ଆଣିଚ କେତେଦୂରର
ଘରପୋଡ଼ିରୁ,

ତାଳବଣିର ଘେରରୁ ପାଇଚ
ବାଳକେରାଏ
ମରୁତ୍‌ର

ଉଡ଼ିଗଲା ବେଳେ ଝଡ଼ିପଡ଼ିଥିବା
ଭଦଭଦଳିଆ ପରରୁ ନେଇଚ
ନଭ ଚେନାଏ,

ଏତେ କଷ୍ଟରେ ଗଢ଼ିଚ ମୋତେ
ଭାଙ୍ଗିଗଲେ କଣ
ଗଢ଼ିପାରିବ ଆଉରି ଥରେ ?

ଏଇଥରକ ସୁଯୋଗ ଦିଅ :

ପବନ ହାତରେ ଦୀପଟି ଥୁଏଁ
ଝୁଲଉଡ଼ାଇ ପାଉଁଶରୁ
ନିଆଁଲଗାଏଁ ଥଣ୍ଡାତାରାରେ ।

ରୂପକଥା

ଏତେବଡ଼ ରୂପକଥାକୁ
ସାରିଦେ'ନା ଏଡ଼େ ସହଳ-

ରହି ରହି କହ,
ପାଗ ଭିଡ଼ିବାକୁ ସମୟ ଦେ'
କୁମରକୁ,
ବାହାରିବାକୁ ଦେ'
ଘୋଡ଼ାଛୁଟିବାର ଘଡ଼ିକୁ
ଘୋର ସଂଶୟର
ଜଟାଜୁଟରୁ।

କହନା, ଏଡ଼େ ସହଳ
କହନା-
ରାତିକ ଭିତରେ
ଆଖିବାଳରେ
କିଏସେ ବୁଣିଲା
ବାଟ ଓହ୍ଳିବାର ସହସ୍ରପାଟ,

ସସାଗରାଧରା
ଶୁଖିଗଲାବେଳେ
କୋଉଠିଥିଲା,
କାହା ପଛେ ପଛେ
ଧାଇଁ ଧାଇଁ ଗଲା
କଲୁରିବେଣ୍ଟ,

କଅଣ ଏଇନେ କହୁଥିଲିଟି
କହି ପୁଣିଥରେ ଆରମ୍ଭ କର-

ବୁଢ଼ା ରାଉତ ନଈକୁ ଯୋଉଠୁ
ଦିଭାଗ କଲା ଫରୀ ଖଣ୍ଡାରେ
ଗାୟାଳ ଟୋକା ଯୋଉଠୁ ଗଲା
ଫୁଲକୁମାରୀର ସଖି ଘରକୁ ମାଛିରୂପରେ
ସାର୍‌ନା, କଥା ସାର୍‌ନା
ପହଞ୍ଚିବାର ନାଁ ନେ ନା ଏ ବନସ୍ତରେ

ଖିଅ ଲମ୍ବିଥାଉ,
ଖୋଜା ଚାଲିଥାଉ ।

ଚକ

ସାରକଥାଟି କୁହା ହୋଇନାହିଁ ଏ ଯାଏଁ
ଖୋଜାଚାଲିଚି ଉପାୟ :

ଥିଲେ ଯେତେ ସମର୍ଥ ଉପମା
ଆଖପାଖରେ
ସମସ୍ତେ ଗଲେଣି
ଗାଧୋଇ ଯମୁନାକୁ
ବିଜାର୍ ହୋଇ ବାହୁଲ୍ୟରେ,

ଉପଲକ୍ଷ୍ୟ କେତୋଟି କେବଳ
ବାଡ଼ି ଠକ୍ ଠକ୍ କରି
ରୁଲିଚନ୍ତି ରାତି ଡିଉଟିରେ,

ଭୂଇଁ ଦୁଲୁକାଇ
ସାଢ଼େ ପାଞ୍ଚଟାରେ
ବାହାରିଥିଲା ଯେ ମେଲ୍
ଦି' ଦି' ଥର ପାଣିନେଲାଣି
ହାତୀଶୁଣ୍ଢରୁ

ପହଞ୍ଚିବାର ନା ନାହିଁ
ମୋଗଲସରାଇରେ
ନାରଙ୍ଗୀ ବମ୍‌କାଇର
ଉଚ୍ଛୃଙ୍ଖଳ କାନିରେ
ତମେ ବାନ୍ଧି ସାରିଲଣି
ଯେତେ ଯାହା ସୁକୃତ ରାତିର,

ଯିବା ଯିବା କହି
ଠିଆ ବି ହେଲେଣି
ଅଭ୍ୟାଗତ ଶେଷ ପ୍ରହରର

କୁହା ହୋଇନାହିଁ ତ ତଥାପି,
ଆଉ ଘେରାଏ ବୁଲିଆସିବାର
ବେଳ ହେଲାଣି ଚକର।

ସୂର୍ଯ୍ୟ : ଶତ୍ରୁ

ସବୁ ଜରୁରୀ।

ସୁଭାଷକୁ ଷ୍ଟେସନ୍‌ରୁ
ରିସିଭ୍ କରିବା ଜରୁରୀ,

ଜରୁରୀ ଚଢ଼େଇ ହୁରୁଡେଇବା
ବିଲରୁ,

ବାଇଶିଟି ଯାକ ପାହାଚ ଡେଇଁ
ଉପରେ ପହଞ୍ଚିଯିବା ଜରୁରୀ

ପିପିଲିରୁ ଚନ୍ଦୁଆ କିଣିବା
ଜରୁରୀ।

ତରତର ହୋଇ ଜନ୍ମହୋଇ ପଡ଼ିବା
ଜରୁରୀ ଜୈତ୍ରବନରେ,

ଯାତ୍ରାର ଜୋକର୍ ପାଇଁ
ଜୟଯାତ୍ରାରୁ ଓହରିଯିବା
ଜରୁରୀ,

ନିଆଁର ଛତାଖଣ୍ଡେ ଧରି
ଖାଲିପାଦରେ ବାହାରିଥିବା
ଶତ୍ରୁକୁ ମୋର ଦେଖ–

କିଛି ବି ତ ଜରୁରୀ ନୁହେଁ
ତା ପାଇଁ,

ଯୋଉବାଟରେ ଯିବା
ସେଇବାଟରେ ଆସିବା,
ଛିଣ୍ଡିଗଲେ ବି ମରାଳମାଳା ବାଟମଝିରେ
ଜରୁରୀ ନୁହେଁ ଗୁନ୍ଥିବା।

ପଶ୍ଚିମ

ଛୁଇଁପାରିବି ? ହାତରେ ଧରି
କହିପାରିବି ଏତକ ମୋର ବୋଲି ?

ନିଶୂନ୍ ଘରେ
ଅଲୋଡ଼ା ହୋଇ
ପଡ଼ିଚି ଯେଉଁ
ଭଙ୍ଗା କରତାଳିର
ବାୟାଁରୁ କି ଡାୟାଁରୁ ପଟେ
କେରାଏ କାଇଁଚ ମାଳି କି
ଖଡ଼ିଗୋଟାଳିରୁ ଗୋଟେ,

ଏକାଠି କରି ସେତକ
ସମ୍ପୂର୍ଣ୍ଣ - ୦ - ଟିଏ କରି
ଥୋଇପାରିବି କି ପଶ୍ଚିମର
ଭାଲପଟରେ ?

ପାରିବି ନାହିଁ ଯଦି
କହିଦଉନି କାହିଁକି ?
କାହିଁକି ଧନ୍ଦି ହଉଚି
ସେବଠୁ - ଖୋଲୁଚି
ବନ୍ଦ୍ କରୁଚି ମୁଠା,
ବନ୍ଦ୍ କରୁଚି, ଖୋଲୁଚି,

ହାଣ୍ଡେକାଟ୍‌ରେ ମାତିଚି
ସାରାଦିନ,
ଚିରି ଦିଫାଳ କରି
ଶୁଆଇ ଦେଇଚି ସୋଦର ସମାନ
ନଈକୁ,
ଓଢ଼ଣାଟାଣି ଆଢ଼ରେ
ବସିପଡ଼ିଥିବା ପାହାଡ଼ର
ସରୁନାକରୁ
ଭିଡ଼ିଓଟାରି କାଢ଼ିଚି
ପଥରବସା
ନୋଥ ଚଉଠିର।

କହିପାରିନି -

କାହିଁକି କହିନି
କିଏ ଜାଣିଚି ?

କିଏ ଜାଣିଚି କହିଲାପରେ
ଆଉ ରହିବ କି ରହିବ ନାହିଁ
ସୁନ୍ଦର ଭ୍ରୁଭଙ୍ଗୀର କିମିଆ
ଅସ୍ତାଚଳରେ,
ଫୁଟିବ କି ଫୁଟିବ ନାହିଁ
ଫୁକିଆ ତାରା
ଅଧାକାନ୍ଥିର ଆରପଟରେ ?
କିଏ ଜାଣିଚି ?

କଥା

କହିଦେଲା ପରେ
କୁଆଡ଼େ ଯାଏ କଥା ?

ସିଧାସଳଖ ଯାଏ
ଜୂର ହୋଇ ସାରିଥିବା
ଆସ୍ଥାର ସୈକତ ଉପରକୁ
ଜହ୍ନରାତିର ଜୁଆର ଭଳି ?

ନା ଜଳି ଜଳି ଜଳି
ଭୂଲିଯିବାର ଚିତାରେ
ଅଙ୍ଗାର ହୋଇ ଦମକେ
ପବନର ଅନ୍ଧ ଆଖିରେ ?

ନା ମୁଁ ଜାଣେ
ନା ତମେ ଜାଣ ।

ଦିନ ଶେଷରେ, ମୁଠାଏ
ଗୋଡ଼ିଧୂଳି
ହାତରେ ଧରି
ଫେରିବାର କଥା ଆମର
ଫେରିବା,

ଆହୁରି ଟିକିଏ
ସୁନ୍ଦର କରି
ସଜାଇଦେବା ମରଣକୁ
ମାଟିର କଳସ ଉପରେ,

ଓଁ କହି
ଚେର ସମେତ
ଓଟାରି ଆଣିବା
ଅପରାଜିତାର
ନୀଳପାଂଶୁଳ ଲତାଟିକୁ
ହୁଏତ,

ତଥାପି ରହିବ
କଥାପଦକ
ସେଇଠି -

ଯୋଉଠିକି
ଆଖିପାଇବ ନାହିଁ
ଆମର,

ଯୋଉଠି ତମେ
ମାଟିରେ ଗଢ଼ା
ଓଠକୁ ତମର
ଗଢୁଥିବ ଆହୁରି ଥରେ
ନୂଆକରି
ରଙ୍ଗଦେବା ଆଗରୁ,
ଯୋଉଠି
ସବୁତକ
ଭଙ୍ଗାଉଜୁଡ଼ା ଶବ୍ଦକୁ
ଏକାଠି କରି

ମୁଁ ଅର୍ଥ ଲେଖୁଥିବି
ପୁନର୍ଜନ୍ମର ।
କଥାପଦକ
ଯିବାକୁ ହୁଏତ
ଚାହୁଁଥିବ
ଆଉ ଗୋଟିଏ
ଅଧ୍ୟାୟ ଭିତରକୁ,

ହେଲେ ବନ୍ଧ ଡେଇଁ
ବାହାରିଯିବାର
ସାଧ୍ୟ ନାହିଁତ !

କହିଦେବାହିଁ ବୋଧହୁଏ
ସବୁଠାରୁ ବଡ଼ ଆଲେଖ୍ୟ ଆମର
ନୀରବତାର ମୁଖଶାଳାରେ,

ମୂକ ସନ୍ଧ୍ୟାକୁ
ହଠାତ୍ ମୁଖର କରିଦେବା
ନୀଡ଼ଫେରନ୍ତା ଚଢ଼େଇଙ୍କ
ଅର୍ଥହୀନ କୋଳାହଳରେ -

ଏ କଣ କମ୍ !

ଗୋଧୂଳିର ଶିକ୍ଷା

କେହି ଜଣେ ଜାଣି ସାରିଚି,
କେହି ଜଣେ କହି ସାରିଚି
ସବୁ କଥା ବହୁ ଆଗରୁ,

ସେଇ ଭୟରେ,
ସୋଦରଠାରୁ
ସତ୍ୟଠାରୁ
ଦୂରରେ ରହିବାକୁ ହେଲା
ଏଯାଏଁ,

ବେଶ ବଦଳାଇ
ଫେରି ଆସିବାକୁ ହେଲା
ସେଇ ଗୋଟିଏ ପୃଥିବୀକୁ,
ଦ୍ୱିଧାର ଧାତୁରେ
ନୂଆକରି ଗଢ଼ିବାକୁ ହେଲା
ପୁରୁଣା ଶବ୍ଦକୁ,
ମୂଢ଼ କଳ୍ପନାକୁ ପୋଡ଼ି
ଶୁଦ୍ଧ କରିବାକୁ ହେଲା
ପ୍ରତ୍ୟକ୍ଷଦର୍ଶିତାର ନିଆଁରେ
ବାରମ୍ବାର।

ସେଇ ଭୟରେ,
ବହୁ ସୂକ୍ଷ୍ମ ଅପାରଗତାର
ଶିଳ୍ପରେ ସମୃଦ୍ଧ
ଏ ଗୋଧୂଳିକୁ ବି ଆଜି
ଧ୍ୱଂସ କରିଦେବାକୁ ହେଲା
ସନ୍ଧ୍ୟା ଆଗରୁ
ନିଜ ହାତରେ।

ଗୈରିକ

ଆସିଲୁ, ଭଲ କଲୁ
ଆଉ ଟିକିଏ ଡେରି କରିଥିଲେ
ପାଇ ନ ଥାନ୍ତୁ ମତେ,
ଦେଖ୍ ମୁଁ କେମିତି
ଉଠିବି ଉଠିବି ହୋଇ
ବସିଚି ମେଘର ଛାୟାଚିତ୍ରରେ
ପ୍ରଥମ ଧାଡ଼ିରେ

ଅପରାହ୍ନର ଗୈରିକ
ଅଭିଷେକକୁ ଛୁଇଁହେବ ଯେମିତି
ସେମିତି ମୁଣ୍ଡ ନୁଆଁଇ ଠିଆ ହୋଇଚି
ଆକାଶ, ମୁଁ
ମାଟିରୁ ଉଠାଇ ଗୋଲାପ କଢ଼ି
ଖୋସି ଦେଉଚି ମୋର
କଲାର୍‌ରେ ।

ତୁ ନ ଆସିଥିଲେ
ମୁଁ ବାହାରିଥାନ୍ତି
ସବୁଦିନ ଭଳି
ପ୍ରଶଂସକଙ୍କ ମେଳରେ
କୁଆଥଣ୍ଟରୁ ଆହାର
ଛଡ଼ାଇବାକୁ, ହାଙ୍ଗର୍‌ରେ
ଛାଇକୁ ଟାଙ୍ଗି
ବିଦାୟ ନେବାର ସେଇ ହୋଇଥାନ୍ତା
ଶେଷ ଅଭିନୟ ମଞ୍ଚ ଉପରେ ।
ଆସିଲୁ ଭଲ କଲୁ
ବସ୍,
ମୁଁ ତତେ ଟିକିଏ
ଦେଖେଁ ଭଲକରି
ଚିହ୍ନେ ତୋର ଅସାମାନ୍ୟ ରିକ୍ତତାକୁ
ନିଦ ଭୋଳରେ,
ପୁଣିଥରେ ଆରମ୍ଭ କରେଁ
ସ୍ୱପ୍ନର ପଶାଖେଳ
ହାରିଲାଯାଏଁ
ମୈନାକକୁ କ୍ଷୀରାବ୍ଧିରେ ।

ବିଶ୍ୱାସ କର
ତୋର ଆସିବାର ଥିଲା ବୋଲି

ମୁଁ ବସିଥିଲି
ଅପେକ୍ଷା କରି,
ତୁ ଆସିଲା ପରେ
ମୁଁ ବାହାରି ପଡ଼ିଚି
ବୋଲି ହୋଇ ଅସ୍ତରାଗର
ପରାଗ
ମୁହଁରେ-

ଆଉ ଟିକିଏ ଖେଳିବି ବୋଲି
ଝରାପତ୍ରରେ ।

ସ୍ଥିରଚିତ୍ରରେ ପୃଥିବୀ

ଯାହା ଯାହା ଦେଇପାରିନି ତମକୁ
ହିସାବ କରି ରଖିଚି -

ଦେଇପାରିନି ଆଧାର କାଢ଼ି
ଅଷ୍ଟରୁ,
ଦେଇପାରିନି ଅଥୟ ପବନରେ
ଉଡ଼ିଯାଉଥିବା ଉତ୍ତରୀକୁ
ଘଡ଼ିକ ପାଇଁକି କାନ୍ଧ ଉପରେ
ରହିଯିବାର ଲୟ

ଦେଇପାରିନି
ହସିବ ହସିବ କହି
ହଠାତ୍ କାନ୍ଦି ପକାଇଥିବା
ଦ୍ୱିତୀୟାର ଜହ୍ନକୁ, ତମର
ମୁହଁ ଭଳି ଗୋଟାଏ ଉପମେୟ।

କେତେ କଣ ଘଟିବ ଯା'ପରେ -

ନିମଗଛ ମୂଳେ
କୁହୁଳୁଥିବା ଅରମା କୁଢ଼ରୁ
ଉଡ଼ିଲା ଭଳି ଟିକିଏ ଟିକିଏ
ପାଉଁଶ
ସରିଆସିବ ପୃଥିବୀର ଆୟୁଷ।

କଣ ଗୋଟାଏ ଦେବି ବୋଲି ତମକୁ
ମୁଁ ଠିଆ ହୋଇଥିବି
ଛାୟାପଥର ଆଖପାଖରେ,
ତମେ ସେମିତି ଥିବ ଅପେକ୍ଷା କରି
ଯେମିତି ଅଛ ଆଜି -

ଓଠରୁ ହସରେ
ଲୁଚୁ ନଥିବା
ଆଖିର ଅବିଶ୍ୱାସରେ।

ରୂପକଥାରେ ପ୍ରେମ

ଏଇ ଆମର ଲହୁଲୁହାଣ
ରୂପକଥା,
ସୁଖ ବୋଲି ଗୋଟିଏ ପରୀର

ଯାକୁ ଆମେ ଲେଖିରଖିବା
ସଢ଼େଇ ଉପରେ କି
ଖପରା ଖଣ୍ଡକରେ

ଯୁଗ ଯୁଗ ଧରି ସେ ପଡ଼ିରହିବ
ଆମର ବାଡ଼ିପଟର ସିଜୁ ମୂଳରେ ।

କେତେ ଯୁଗ ପରେ
କିଏ ଜଣେ ଆସିବ
ଖଣତି ହାତରେ,
ରୋଇବା ପାଇଁ ରଙ୍ଗଣି ଫୁଲ
ଚଉଚିର ହୋଇ ଫାଟି ସାରିଥିବା
ବନ୍ଧ୍ୟା ମାଟିରେ ।
ଅକ୍ତିଆରରେ ଆଉ
ରହିବ ନାହିଁ ଇତିହାସ
ସବୁ ଅବାନ୍ତର ହୋଇଯିବ
ସବୁ-

ଖପରାର କ୍ଷୟ
ଖାରବେଳର ଖରଶ୍ୱାସ ।

ଋଉଁ ଋଉଁ ହୋଇ
ପିଠି ଉପରେ
ପିଟି ହେଉଥିବା କୋରଡ଼ା ମାଡ଼ରୁ
ଆମେ ସାଉଂଟି ନେବା
ଯାହା ମିଳୁଚି : ମଣି-ମାଣିକ୍ୟ
ପୋକ-ମାଛି ।

ମଲାପରେ ବି
ଆମର ବଞ୍ଚିବାର ତ ଅଛି !

ଉହାଡ଼

ଥରଟେ ଖାଲି ଅନ୍ଧାର ଘରେ
ହାତ ବଢ଼ାଇ ଛୁଇଁଦେଇଚି
ଜକ୍‌ଜକ୍‌ ସ୍ୱପ୍ନକୁ
ଖାଲି ପେଟରେ –

ସେତିକିରେ ବଦଳିଯାଇଚି
ମୋର ଠିକଣା
ମୁଁ ଆଉ ରହୁ ନାହିଁ ପୁରୁଣା
ଦିନରାତିର ଭାଙ୍ଗିପଡୁଥିବା
କାରୁକାର୍ଯ୍ୟରେ

ମୁଁ ଆଉ ରହୁ ନାହିଁ
ପବନର
କେହି ଦେଖି ନ ଥିବା କିରୀଟ ହୋଇ
ପଥରର କପାଳରେ ।

ସାରା ପୃଥିବୀର ସବୁ ଭୟକୁ
ଏକାଠି କରି
ପଥର ଖୋଲରେ ନଖରେ କାଟି
ଲେଖିଥିବା ବିକଳ ଚିତ୍କାରରେ
ଗଢ଼ିଚ ଯେଉଁ ଉହାଡ଼
ସେଇଠି ଅଛି ମୁଁ
ସେଇଠି ରହୁଚି ଆଜିକାଲି
ବେଶ୍ ସୁଖରେ ।

ଦୂରରୁ ମୋର ମୁହଁ ଦିଶୁଚି
ଜମିଗଲା ଭଳି ପାହାଡ଼ ଚୂଳରେ
ଜହ୍ନରାତିର ଲୋହିତ ଆଭା,

ପାଖରୁ ଦିଶୁଚି ପଥର ଦେହରେ
ଉକୁଟିଲା ଭଳି
ଶିଶିର କଣାର ଗୋଲାପୀ ଆଭା ।

ସେଇଠି ରହିବି
ରହିବି ଯେ ଯାଏଁ ନ ବାହାରିଚି
ଅସଂଖ୍ୟ ନଖଗାରର ଶିଆରରୁ
ଅତି କମ୍‌ରେ ନିଟୋଳ ଆଖି ଯୋଡ଼ିଏ
ଧାନର ।

ପଶୁ

ମୋର ହେଇଚି କଣ ? ମୁଁ ତ
ଏମିତି ନ ଥିଲି କେବେ !

ଆ' କହିଲେ ଚାଲିଆସୁଚି
ବନ୍ଧ ଫଟାଇ ଆସିଲା ଭଳି
ବଢ଼ିପାଣିର ଶିଙ୍ଗ,

ଯା' କହିଲେ ଚାଲିଯାଉଚି
ଶିକାର ସାରି ଫେରିଲା ଭଳି
ବାଘ,
ଖା' କହିଲେ ଗିଳି ଦେଉଚି

ଥୋଡ଼ ପାହାରରେ
ଥନ, ଥାଳି, ଯାହା ପଡୁଚି ଆଗରେ,

ଶୋ’ କହିଲେ ଏକା ସାଙ୍ଗରେ
ତାରାର ତେପନ ବନ୍ଦରରେ
ଲଗାଇ ଦେଉଚି
ଅଧରାତିର ଜାହାଜ।

ସବୁ ବଡ଼ ବଡ଼ିଆଙ୍କୁ ମୋର ପ୍ରଣାମ,
ତାଳକୁ ପ୍ରଣାମ, ତିଳକୁ ପ୍ରଣାମ,
ମାଳତୀପାଟପୁର ଷ୍ଟେସନ୍‌ରେ
ପୁରୀ ଯିବାପାଇଁ ଏକାଠି ହୋଇଥିବା
ସାଥି ସହୋଦରଙ୍କୁ,
ଖରାବେଳିଆ ଛାଇଙ୍କୁ ମୋର ପ୍ରଣାମ -

ମୋତେ ଆ’ ଯା’ ଖା’ ଶୋ’ ବୋଲି
କହିବ ନାହିଁ କେହି
ମୋତେ ଦେଖିଲେ ବାଟ ଆଡ଼େଇ ଯିବ,
ଭୁଲ୍‌ରେ କେବେ ଶୁଭଂ ଭବତୁ ବୋଲି
କହିବ ନାହିଁ କି ବଣଭୋଜିକୁ
ଡାକିବ ନାହିଁ,
ଅକ୍ଷରର ବଳି ପକାଇବା ପାଇଁ
ଅଳି ବି କରିବ ନାହିଁ
ବାକ୍ୟର ଯୂପକାଠରେ।

ମୁଁ ଏଇନେ ବଡ଼ ଅସୁବିଧାରେ ଅଛି
ମଣିଷ ହେବା ଆରମ୍ଭ କରିଚି ଧୀରେ ଧୀରେ।

ବୀଜ

ପୃଥିବୀର ଆରମ୍ଭରୁ
ଯାହା ସବୁ କହିବି କହିବି ବୋଲି
ଭାବିଥିଲି, ହେଲେ
କହିପାରିନି ଏଯାଏଁ -

ଏତେ ଟିକିଏ ମୋର
କଥା, ଏତେ ଟିକିଏ
ମୋର ଭଲପାଇବା, ହେଲେ
ଏଡ଼େ ବିରାଟ ଯେ ଆକାଶର
ମରୁମାୟାଠୁଁ ଗରୁ।
ବାକି ସବୁ ମିଛ;
ଦିନ-ରାତି, ଘଣ୍ଟା-ମିନିଟ୍‌ରେ
ବାଣ୍ଟିଲା ଭଳି ମନଗଢ଼ା,
ଅଣ୍ଟା ନଇଁଗଲା ଯାଏଁ
ପଦେ ଦିପଦ କଥା ପିଠିରେ
ଗୋଟାକ ଯାକ ଅଭିଧାନର
ବୋଝ ଲଦିଦେବାର ଚତୁରୀ,
କେବେ ହଁ ତ କେବେ ନା କହି
ପଡ଼ୋଶୀକୁ ଖାଲି ହାତରେ
ଫେରାଇ ଦେବାର ବାହାଦୁରି।

ହଁ ନା ଭିତରେ ବାଟ ଖୋଜିବା
ଏତେ ସହଜ ନୁହେଁ ତ ! ଆମ ଆଗରୁ
କିଏ କେତେ ଆସିଲେ ଗଲେ
କେହି କେବେ ପାଇଲେ କି
ୟାର ଟେର୍, ବଙ୍କିମ
ହସ ଖଣ୍ଡିଏ ଫୁଟିବାଯାଏଁ ଓଠରେ
ସନ୍ଧ୍ୟାର ଆକାଶକୁ ଚହିଁରହିବା ଯେ
ଭାଗ୍ୟ ନୁହେଁ ଭ୍ରମ
କେହି କଣ ଜାଣିପାରିଲେ !

କହ କହ ବୋଲି
ଅଥୟ କରିଦିଅନା ମୋତେ,

ତାରା ଫୁଟିଲେ କହିବି
କେହି ନ ଥିବେ ଯେତେବେଳେ ପୃଥିବୀରେ ଆମଛଡ଼ା
ସେତେବେଳେ କହିବି -

ଭରସା ରଖ, ମୁଁ ଥିବି ସେ ଯାଏଁ
କେବଳ କଣ ଗୋଟାଏ କହିବାର ଅଛି ବୋଲି
ମୁଁ ଥିବି -

ଆଉ ଗୋଟିଏ ପୃଥିବୀର ବୀଜ ହୋଇ
ପ୍ରଳୟର ଜଳ ପ୍ଲାବନରେ ।

ମୂଳବସନ୍ତ

ମୂଳବସନ୍ତ –
ଶୁଣିଲା ଦିନଠୁଁ
ଘୋଷି ହେଉଚି
ମୂଳବସନ୍ତ
ମୂଳବସନ୍ତ ।

କୋଉଠି ଥିଲା
ମୂଳବସନ୍ତ ? ସେଇଠି
ଯୋଉଠୁ ଆରମ୍ଭ ହେଲା
ଚଣା ଫୁଟିବା ବଉଳରେ ?

ଯୋଉଠୁ
ଲାଖ ଠାବକଲା
ଗଛର ପାଚିଲା କପାଳକୁ
ପତ୍ର ଗହଳରେ ?

ଏଇଠି ଥିଲା
ଆମେ ଜାଣି ନ ଥିଲେ !
ଭୟ ପେଟରେ
ଥିଲା ଯେମିତି ସାହସ,
କୁମ୍ଭୀର ପେଟରେ
ଥିଲା ଯେମିତି ପାଉଁଜ,
କେହି ଜାଣି ନ ଥିଲେ ।

ଏ ଭିତରେ
ମୁଁ ଯିବି ଦିନେ ମୂଳବସନ୍ତ ।

ସେଠି,
କାହାରି ନା କାହାରି ହାଣ୍ଡିରେ
ଫୁଟୁଥିବ ମୋ ପାଇଁ ଚାଉଳ ମୁଠାଏ,
ସେଠି, ମୋର ସାବତ
ଭାଇଟିଏ ବି ଥିବ-
ରୋଗା, ଡାହାଣା, ଆଡ଼ପାଗଲା, ଓଲା;

ସେଠି ମୋତେ
ଘରୁ ବାହାରିଲେ
କଅଣ ବୋଲି ପଚାରୁଥିବା କଟୁରିରେ
ଦିଗଡ଼ କରି କାଟିଦେବା ପାଇଁ
ଚାଳ ଉପରେ ଥିବ ଚନ୍ଦ୍ରକଳା ।

ଦୁଃଖ ଏତିକି, ଯେ
କେବେବି ମୁଁ
ରହିପାରିବିନି ସେଠି
ବେଶିଦିନ,

ମୋର ଯିବାର ଥିବ
ସବୁ ବସନ୍ତରେ
ଆଉ ଗୋଟିଏ ଜାଗାକୁ
ସାକ୍ଷୀ ହୋଇ -

ଯୋଉଠି ଆଉ କେହି ନ ଥିବେ
କାହାରି ହୋଇ, ସମସ୍ତେ
ମରି ଗଲିଥିବେ ମାହାମାରୀରେ।

ଅପ୍ସରା

ମୋ ପାଖରେ କ୍ଷୟର ହିସାବ ନାହିଁ, କାରଣ
କ୍ଷୟ ମୋତେ ସବୁବେଳେ ଲାଗିଚି ସୁନ୍ଦର, ଚନ୍ଦ୍ରକଳାର
ଧୀରେ ଧୀରେ କମି ଆସିବା ଭଳି ଗୋଟାଏ ଆଡ଼ମ୍ବର
ଅଛି ସେଥିରେ, ଯେମିତି ପୁରୁଣାରୁ ପୁରୁଣା ହୋଇ ଚାଲିଥିବା
ଆମର ଦ୍ୱାଦଶ ଶତାବ୍ଦୀର ମନ୍ଦିର। ଦେଖିବା ଲୋକେ
ବିଭୋର, ତେଣେ ଖସି ଚାଲିଚି ପଥର ପରେ ପଥର।

ସେଇଥିପାଇଁ ତମକୁ ମନାକରିଚି ମୋତେ ଡାକିବ ନାହିଁ ପଛରୁ,
ମୁଁ ଗୋହିରି ଟପି ଦାଣ୍ଡମୁକୁନ୍ଦପୁର ରାସ୍ତା ଧଇଲା ବେଳକୁ
ସରିବଣି ପିଲାଙ୍କ ଖେଳ, ତାରାମାନେ ଫେରିବେଣି
ହାଲିଆ ହୋଇ ଘରକୁ, ସାରାଦିନ ଗଡ଼ି ଗଡ଼ି ଧୂଳିରେ
ତମେ ଆଉ ଦିଖଣ୍ଡ ଜାଳ ମୁହାଇଁ ଦେଇ ଚୁଲିରେ
ଭାବିବଣି କେତେଗୁଡ଼ାଏ ବାଳ ପାଚିଗଲାଣି ଯା' ଭିତରେ।

ତମର ମନେପଡୁଚି ସେ ଅପ୍ସରାର କଥା ଯାହାର
ଅଣ୍ଟା ଏତେ ସରୁ ଯେ ସେଥିରେ ହାତ ଗୁଡ଼ାଇଲେ
ଫାଶ ପଡ଼ିଯାଏ ପବନରେ ? ଆଜି ଦେଖାହେଲା ତା ସାଙ୍ଗରେ।
ଚିହ୍ନିବା ମୁସ୍କିଲ୍ ହେଲା, ଖାଲି ଯାହା
ଜାଣିଲି ଶୁଆର ବେକ ଭାଙ୍ଗି ଗହିଁଲାରୁ,
ଝାଏଁକିନା ବାଜି ଉଠିଲାରୁ ଧାଙ୍ଗା ଦର୍ପଣର
ମୁହଁ ହଠାତ୍ କହିବ କହିବ ହୋଇ ଖୋଲିଯିବାରୁ।

ସେ ବଦଳି ଯାଇଚ କେତେ, ଯେମିତିକି ତା’ ଜାଗାରେ
ଆଉ କିଏ ଠିଆ ହୋଇଚି ଆସି, ପେଟ ପାଖରେ
ଅର୍ଥର ସାମାନ୍ୟ ପୃଥୁଳତାକୁ ଛାଡ଼ି ଆଉ କିଛି ନାହିଁ
ଚିହ୍ନିଲା ଭଳି ସାରା ଦେହରେ।

ବ୍ୟସ୍ତ ହୁଅନା, ଏତେ ଗୁଡ଼ାଏ ଭଙ୍ଗାରୁଜା ଦେଖି
ଡରିଯାଅନା। ଦିନେ ନା ଦିନେ ମୁଁ କାମସାରି
ଫେରିବି ତମ ପାଖକୁ, ପଥର ଭିତର ଦେଇ
ଗଢ଼ିଚି ଯେଉଁ ସୁଡ଼ଙ୍ଗ, ସେଇ ବାଟ ଦେଇ
ଆସିବି ତମ ପାଖକୁ ସିଧାସଳଖ - ମୋର
ଗଲି ଦେଖି ତମେ ଭାବିବ ରଜା ଅଇଲେ କି
ପାରିଧିରୁ ନ ହେଲେ ତମର କୋଡ଼ିଏ ବର୍ଷର
ବର ଆସିଲା କି ତମକୁ ପୁଣିଥରେ ବାହାହେବା ପାଇଁ
ବାଜା ରୋଶଣିରେ।

ହଁ, ଭୁଲିଯାଇଥିଲି କହିବାପାଇଁ ଯେ
ଆଉ କିଛି ନ ଥିଲେ ବି ହୀରାର ବସଣିଟି ତ
ଅବିକଳ ସେମିତି ଥିଲା ସେ ଅପ୍ସରାର ନାକରେ
ଯେମିତି ଦେଖିଥିଲି ପ୍ରଥମଥର ତମର ମୁହଁ ଦେଖିଲାବେଳେ
ଦୀପ ଆଲୁଅରେ।

ଘୁମୁସର

ରମାକାନ୍ତ ରଥଙ୍କୁ

ପାଦ ଆଉ ଠିକ୍ ଜାଗାରେ
ପଡୁନି ଭାଇନା,
ରାସ୍ତା ବି ଆଉ
ଦିଶୁନି ସଫା -

କିଏ ସବୁ ଖୋଳ କରତାଳରେ
ଭୋଳ ହୋଇ ଚାଲିଚନ୍ତି ଆଗରେ,
ପଛରେ କେତେ କାହାର ନୂପୁର ରୋଳ
ପୋତି ହୋଇ ପଡୁଚି ବାଲିରେ,
ଜଣାପଡୁନି।
ଜଣାପଡୁନି ମାନେ
ଘୁମୁସରକୁ ଯିବା ବାଟରେ
ହଠାତ୍ ଲାଗୁଚି -
ପକେଟ୍‌ରେ ଯଦି ଛଦାମ୍‌ଟିଏ ନାହିଁ
ବନ୍ଧୁ ଘରକୁ ଯିବା କାହିଁକି ?

ଖାଲି ଫେରିଆସିଲେ ନୁହେଁ,
ଋଷିକୁଲ୍ୟାରୁ ପାଣି ଆଞ୍ଜୁଳେ
ସୂର୍ଯ୍ୟଙ୍କୁ ଟେକିଦେଲେ ବି ନୁହେଁ,
କେଉଁଥିରେ ବି ଯିବ ନାହିଁ
ସେ ଭୟ,

ବନ୍ଧୁ ଘରକୁ ଯିବା ଯଦି
ଖାଲି ହାତରେ ଯିବା,
ଖାଲି ହାତରେ ଯିବା ଯଦି
ପଡ଼ିଉଠି ଲହୁଲୁହାଣ ହୋଇଯିବା,

ସେତିକିରେ ପାକଳ ହୋଇଯିବ
କଥା, ମାଫ୍ ହୋଇଯିବ
ସାତଖୁଣ୍ ଶଦ୍ଦର।
କିଛି ଭାବିବେନି ଭାଇନା,
ମୁଁ ଆସିବି,
ଘୁମୁସରରୁ ଫେରିଲା ପରେ
ଆସିବି,
ସମସ୍ତେ ଗଲା ପରେ ଆସିବି,
ଯେତେ ଡେରି ହେଉ
ପଛେ
ପଚାରିବାକୁ ଆସିବି -

ଆପଣ କେବେ ଯାଇଥିଲେ
ଘୁମୁସର ? ଏତେ କଥା
ଜାଣିଥିଲେ ଯଦି ଏତେ ଆଗରୁ
କହିଲେ ନାହିଁ କାହିଁକି ?

ଅର୍ଥବୋଧ

ୟାର ମାନେ କଣ
ତମେ ଜାଣିନକି ମୁଁ ଜାଣିନି
ହେଲେ ଯୁଗ ଯୁଗ ଧରି
ଦୁହେଁ ଦୁହିଁଙ୍କୁ ପାଇଚାଲିଚେ
ସେଇ ଗୋଟିଏ ପ୍ରଶ୍ନରେ
ଥରକୁ ଥର ବିନା ଉତ୍ତରରେ ।

ୟାର ମାନେ ଅନ୍ଧାର ଘର ?
ଦର ଆଉଜା ଝରକା ଫାଙ୍କରୁ ରାସ୍ତା ଉପରେ ନଜର ?
ୟାର ମାନେ ଅମୃତ ଖାଇ
ଧୋଇବା ପାଇଁ ବୋହି ଚାଲିଥିବା
ପାଣିଧାର ?

ୟାର ମାନେ କାନିରେ ମୁହଁ ପୋଛୁ ପୋଛୁ
ଝାଳ ସହିତ ପୋଛିନେବା ଜଞ୍ଜାଳ ?
ଠେକା ଭିଡ଼ି ବାହାରି ପଡ଼ିବା ଝିପିଝିପି ବର୍ଷାରେ
ସ୍କଟିକର ବିହନ ନେଇ ଗଉଣିରେ

ୟାର ମାନେ ନଇଁ ପଡ଼ିବା କାନ୍ଥକୁ ଧରି
ଅସହ୍ୟ ପୀଡ଼ାରେ ?
ମାଟିର ସିଂହାସନରେ ବସିପଡ଼ିବା
ବିନା ଅଭିଷେକରେ ?
ଫାଟର ମୁହଁ ବୁଜିଦେବା ଅବ୍ୟର୍ଥ ମଲମରେ ?

ୟାର ମାନେ ନୀରବତାର ସବୁ ଗହଣା
ହଠାତ୍ ବାଜି ଉଠିବା ଏକା ସାଙ୍ଗରେ ?

ନା ୟାର ମାନେ କିଛି ନୁହେଁ !
ଯେତେ ଦୂର ଯାଏଁ ଆଖି ପାଉଚି ସେଯାଏଁ
ଅର୍ଥ ପଛରେ ଗୋଡ଼ାଇ ଥିବା,
ନିଶ୍ୱାସ ଆସି ଅଟକିଥିବ ତଣ୍ଟି ପାଖରେ,
ପାଟି ଫିଟୁନଥିବ ଛାତି ଧକ୍‌ଧକ୍‌ରେ,
ପାଦ ଲାଗୁନଥିବ ଭୂଇଁରେ,
ଦେହ ଲାଗୁଥିବ ଶିର୍‌ଶିର,
ଶିଉଳିର ଜିଭ ବୁଲିଲା ଭଳି
ପଥରର ବାହୁମୂଳରେ ।

ଅର୍ଥର ମୁହଁ ଦିଶୁଥିବ ସବୁ ମୋଡ଼ରେ ଅଲଗା,
କେହି ଜାଣିବା ଆଗରୁ କେତେବେଳେ
ଅର୍ଥ ପଛରେ ଯାଉ ଯାଉ ଆମେ
ରହି ଯାଇଥିବା ଅର୍ଥ ଭିତରେ,
କୋଉ ଗୋଟାଏ ଗାଢ଼ ମିଠା ଆସ୍ୱାଦର
ଜର ରହିଲା ଭଳି
ପାଚି ଆସୁଥିବା ଫଳ ଦେହରେ ।

କବୀର

କହିବାର ମୋର ସେମିତି କିଛି ନାହିଁ,
ଯାହାବି ଅଛି
ସେତକ କହିବା ପାଇଁ
ଲେଉଟୁ ନାହିଁ ଜିଭ,

ଖରାର ସୂତାରେ ତେଣୁ
ଲୁଗା ଖଣ୍ଡିଏ ବୁଣି ବସିଚି
ଲୋଭୀ ଆଖି ମାନଙ୍କର
ଭିଡ଼ା ଓଟାରାରେ
ଲଙ୍ଗଳା ହୋଇ ପଡ଼ିଥିବା
ଦେହକୁ ତାର ଘୋଡ଼ାଇ ଦେବି ବୋଲି,
ତାର କିନ୍ତୁ ଏତେ ଟିକେ ବି ଭରସା ନାହିଁ,
ହାତ ପାପୁଲିରେ ଲାଜ ଲୁଚାଇ
ମୋତେ ଚାହିଁ ଚାହିଁ ସେ ହସି ଚାଲିଚି,
ମୁଁ ଜାଣିଚି ଅତି ପତଳା ଏ ଲୁଗା ଖଣ୍ଡକ
ନୁହଁ ଆଲୁଅ କି ନୁହଁ ଅନ୍ଧାର
ଲୁଚିବ ଯେତିକି ଦିଶିବ ତାଠାରୁ ଅଧିକ।

ତଥାପି ଏ ଲୁଗାଖଣ୍ଡକ ତାର,
ପିନ୍ଧୁ କି ନପିନ୍ଧୁ ବୁଣି ଦେଇଯାଏଁ
ଘୋଟିବା ଆଗରୁ ଅନ୍ଧାର।

ଦୁଶ୍ଚିନ୍ତା

ଏମିତି ଆକାଶ କେବେ ଦେଖିନାହିଁ,
ଏମିତି ଆକାଶ ଯାହା ପୁରାଣରେ ବି ନାହିଁ,
ଏମିତିକି ଯୁଗ ବଦଳିଲା ବେଳେ ବି ଯାର
ନଜିର୍ ନାହିଁ ମାଳିକାରେ।

ସବୁ ଘରର କବାଟ ମେଲା,
ସବୁ ଘରର ଗମ୍ଭୀରାରେ
ଗୋଟାଏ ଲେଖାଏଁ ଦୀପ,
ସବୁ ଦୀପକୁ ଏକା ସାଙ୍ଗରେ
ଫୁଙ୍କି ଲିଭାଇ ଦେବା ପାଇଁ
ଛକି ରହିଥିବା ମେଘ,
ମେଘ ମାନଙ୍କୁ ଜଣ ଜଣ କରି
କବାଟକୋଣରୁ ତଡ଼ି ଲାଗିଥିବା ପବନ,
ପବନକୁ ଧରିବା ପାଇଁ
ହାତ ମେଲାଇ ଠିଆ ହୋଇଥିବା ଗଛ।
ପ୍ରତି ଗଛର ପ୍ରତି ଶାଖାରେ
ଗୁଡ଼ାଇ ହୋଇଥିବା ବିଜୁଳୀ ଚମକର ସାପ।

: ଦୂରରେ ସତ ପାହାଡ଼ ଉପରେ
ମିଛ ସକାଳର ଭ୍ରମ।

କିଏ ଜଣେ ଆସିବ ଆଜି
ଶିକୁଳି ଝଣ ଝଣ କରି ପଚାରିବ
ଅଛ, ଭଲ ଅଛ ପୃଥିବୀ?

ବନ୍ଧନ

ରୁହ ଆଉ ଟିକିଏ ରୁହ,
ମୁଁ ତମର ହାତକୁ
ଆଉ ଟିକିଏ ଭଲ କରି ବାନ୍ଧିଦିଏଁ,
ପାଦରେ ପକାଇଦିଏଁ
ଜବର କରି ବେଡ଼ି,
ତମର ଅସହାୟତାକୁ କରିଦିଏଁ
ଆଉ ଟିକିଏ ଅସହାୟ,
ପୁରି ସାରିଥିବା ମାଣ ଉପରେ
ଥୋଇଦିଏଁ ଆଉ ମୁଠାଏ ଧାନ।

ଏ ଭଲପାଇବା
ଭଲ ଲାଗିବ ତମକୁ,
ଦେଖିବ ତମର ଆଉ ମନେ ପଡ଼ିବ ନାହିଁ
ସେ ଉଜୁଡ଼ା କ୍ଷେତର ହିଡ଼ ମୁଣ୍ଡରେ ବସି
ବାହୁନିବାର ଦିନ,
ତମକୁ ଯେ ଉଡ଼ାଇ ପାରିନାହିଁ
କୋଉ ଗୋଟାଏ ତୋଫାନ,
ତମେ ଥରକୁ ଥର ପତ୍ର ଝାଡ଼ିଦେଇ
କଅଁଳି ଉଠିଚ
                ତାର ପ୍ରମାଣ ବି

ମିଳିଯିବ ତମକୁ,
ଏଇ ଧାନର ନିବୁଜ ଖୋଳପା ତଳେ ଥିବା
ଦାନାଏ ଚାଉଳରୁ।

ତମେ କଣ ଜାଣିନ,
ତମକୁ ତମର ଇତିହାସରୁ
କାଟି ଅଲଗା କରିବାର
ନିଶା ଘାରିଚି ମୋତେ,
ଦାନାଏ ଖୁଦ ପାଇଁ ତମର
କାନ୍ଥ ଦେଇ ଉଠିଥିବା
ପିମ୍ପୁଡ଼ିଙ୍କ ଧାର ଦେଖି ହସ ମାଡୁଚି ମୋତେ।

ବା କହିପାର
ମୁଁ ନିଜକୁ ହସାଇବାକୁ ଚାହୁଁଚି ଭୟରେ,

ରୁହ ଆଉ ଟିକିଏ ରୁହ।

ଖାଲି ଜାଗା

ଇତିହାସରେ କୋଉଠି ନା କୋଉଠି
ଖାଲି ଜାଗାଟିଏ ଅବଶ୍ୟ ଥାଏ,
ଯୋଉଠି ଥକି ଯାଇଥିବା ଘୋଡ଼ାମାନେ
ପାଣି ପିଅନ୍ତି,
ଯୋଉଠି ମଜାହୁଏ ରକ୍ତଲଗା ତରବାରୀ,
ଯୋଉଠି ରଜାଟିଏ ପରାଜୟର ଅପରାହ୍ନରେ ଆଣି
ଶୁଆଇଦିଏ ତାର ଅବଶ ଲମ୍ବାହାତକୁ ରାସ୍ତା କରି।

ହୁଏତ ଆମର ପିଲାଦିନର ଧୂଳିରେ
ତିଆରି ହୋଇଥାଏ ସେ ଖାଲି ଜାଗା,
ନହେଲେ ଆମେ ବଡ଼ ହେଉଁ ହେଉଁ
ନିଖିଳର ଅଙ୍ଗରୁ ଝରି ଧିରେ ଧିରେ
ତିଆରି ହୋଇଥାଏ ସେ ଖାଲିଜାଗାର କାହାଣୀ।

ଆମେ ନିଦରୁ ଉଠିଲା ବେଳକୁ
ସେ ନ ଥାଏ
ତଥାପି,
କୋଉଠି ନା କୋଉଠି ଥାଏ ଖାଲି ଜାଗା
ଇତିହାସରେ,
ଯେମିତି ହରକରା ପାରାର ଗୋଡ଼ରେ
କୋଉଠି ନା କୋଉଠି ଥାଏ
ଶତ୍ରୁ ଦେଖିନଥିବା ଶିକୁଳୀ।

ହସ୍ତିନା

ଏଠି ହସ୍ତିନା ବୋଲି ଗୋଟାଏ ଜାଗା
ଥିଲା କି ନାହିଁ ଯଦି ଜାଣିନାହାନ୍ତି କେହି,
ତେବେ ଅନ୍ଧାରରେ ଖମ୍ବ ଗଣି ଗଣି ଯିବା କାହିଁକି ?
କାହିଁକି ଖୋଜିବା ଜହ୍ନ ଆଲୁଅରୁ ଯମୁନା ନଈ,
ଯଦି କେହି ନରହିବେ
ସନ୍ଧ୍ୟାପରେ ରଙ୍ଗଭୂମିରେ !

ପ୍ରକୃତରେ ମୋତେ କିଛି ଦିଶୁନି,
ଶହ ଶହ ଅନ୍ଧାର ଗଲେଣି ମୋର
ମୁଣ୍ଡଉପର ଦେଇ,
ସେମାନଙ୍କ ଡେଣା ଫଡ଼୍‌ଫଡ଼୍‌ରୁ ଜାଣୁଚି
ମୁଁ ଆସି ଠିଆ ହେଲିଣି କେତେବେଳେ
ଇତିହାସର ବାହାରେ ।

ରାତି ଆସି କେତେ ହେଲାଣି,
ମାଟିତଳୁ ବାହାରିଥିବା ଅସ୍ତ୍ର ନୁହେଁ କେବଳ
ତାକୁ ଦିନେ ଧରିଥିବା ହାତ ବି
ହୋଇସାରିଲାଣି ପାଉଁଶ ।

କବିର କାମ

କବିର ଅନେକ କାମ,
ଯେମିତି ଘାସରୁ କାକର ଘେରାଇ
ପଳାଇଯିବା ଛଡ଼ା ଆହୁରି କେତେ,
ଯେମିତି ଛଡ଼ାଇ ନେବା ଦେହରୁ ଜର
ନାସ୍‌ପାତିରୁ ଘେପା
ପ୍ରେମରୁ ଶିଉଳି
ଇତିହାସରୁ ଗନ୍ଧ
ହାତରୁ ରକ୍ତ ଓ
ନୀରବତାରୁ ଧୂଳି,

ଯା ବାଦେ ପୁଣି ଅଛି
କାମରେ ଗଣା ହେଉ ନଥିବା କାମ,
କେହି କୁଆଡ଼େ ନଥିବା ବେଳେ
ସାରସକୁ ଡାକିବା ବାୟସ,
କେହି ନ ଶୁଣିବା ବେଳେ ଶୁଣିବା
ସୋଲରୀରୁ ଫେରି ନପାରି
କନ୍ଦରାରେ କୁହରୁଥିବା ସିଟି ଟ୍ରେନ୍‌ର,

କେହି ପାରୁନଥିବା ବେଳେ
ସାରାଟା ମେଘକୁ ନେଇ ଥୋଇଦେବା
ମହେନ୍ଦ୍ର ଶିଖରରେ,
ଆମ୍ବଟାକୁଆର କୋଇଲି ଭିତରେ
ଲୁଚି ରହିବା ପୁରା ଗୋଟାଏ ଜୀବନ
ବିନା ବସନ୍ତରେ ।

ଆଉ କି କାମ ପଚ୍ଚରନା-
ଗ୍ଲହଁ ଯଦି ଚୁପ୍‌ଚ୍ଚପ୍ ଯାଇ,
ତମର ଅର୍ଥର ଆଭରଣଟିକୁ
ଉଠାଇ ନିଅ ବାକ୍ୟରୁ,
ଯାହା ରହିବ ସେତକ
କବିତା ।

ସେତକ ତମକୁ ଦିନେ ଚୁପ୍‌ଚ୍ଚପ୍
ଫେରାଇଦେବା ବି କାମ କବିର ।

ହସ

ମୋର ମନ ଖରାପ,
ତେଣୁ ମତେ ପଚାରନା
ସବୁ ତରା ଶୋଇ ସାରିଲେଣି
ନା ଜଣେ ଅଧେ ଚେଇଁଚନ୍ତି ଏଯାଏଁ,
ମାଠିଆରୁ ସରିଗଲାଣି ସବୁତକ ପାଣି
ନା ଅଛି ମୁନ୍ଦାଏ ଏ ଯାଏଁ,
ପଚାରନା ପ୍ରେମରେ ତୁଳା ଭାରି ନା ଲୁହା,
ପଚାରନା ସକାଳୁ ସକାଳୁ ଆମ ଭିତରୁ
କାହାକୁ ବାଛିଲା କୁଆ।
ଯାହା ଯାହା ଭାବିଥିଲି କହିବି ବୋଲି
ଭୁଲିଗଲିଣି,
ଯାହା ବା ଅଛି ତାକୁ
ଖୋଲି ଦେଖାଇବା ଭଳି କିଛି ନାହିଁ
କେବଠୁ ପୋକଖାଇ ସାରିଥିବା
ପୃଥିବୀର ହଳଦିଆ ପୃଷ୍ଠାରେ,
ନାହିଁ କିଛି ଉଦାହରଣ କୋଉ ଗୋଟାଏ ବି ଚମ୍ପୂରେ
ବଉଳ ପୋଡ଼ିଯିବାର।

ଏମିତିକି, ମୋତେ ଯଦି ପଚାରେ
ମୋର ମନ ଖରାପ କାହିଁକି,
ମୁଁ ବହୁ ଦୂରର ଏକୁଟିଆ ଆମ୍ବଗଛଟି ଛଡ଼ା
ଦେଇପାରିବି ନାହିଁ ଆଉ କୌଣସି କାରଣ,
ତମେ ବରଂ ଯାଅ-
ମୋତେ ଛାଡ଼ିଦିଅ ଏକା
କିଛି ସମୟ।
ସବୁଥର ଭଳି ଏଥର ବି
ମୁଁ ଝାଡ଼ିଝୁଡ଼ି ହୋଇ ଉଠିବି,
ମତେ ଦେଖିଲେ
ତମେ ବିଶ୍ୱାସ ବି କରିବ ନାହିଁ ଯେ
ଦିନେ ସତରେ ମୋର ମନ ଖରାପ ଥିଲା,
ମୁଁ ବି ଦିନେ ବାହାରିଥିଲି ପଳାଇଯିବାକୁ,
ପିନ୍ଧି ସାରିଥିଲି ଯୋତା,
ଗୋଟାଏ ପାଦ ଉଠାଇ
ଥୋଇ ସାରିଥିଲି ଦ୍ୱାରବନ୍ଧର ସେପଟେ।
କିଛି ସମୟ ଦିଅ ଦେଖିବ,
ମୁଁ ହସିବି-
ହସ ମୋର ଯଦି ଶୁଭେ
ମେଘ ପିଠିରେ ବିଜୁଳୀର କୋରଡ଼ା ଭଳି, ନହେଲେ
କିଆଫୁଲର ଛୁରୀ ଚଳିଲା ଭଳି ପବନରେ,
ଡରିବ ନାହିଁ,
ଭୁଲ୍‌ରେ ବି ଭାବିବ ନାହିଁ ଯେ
ମୁଁ ହସିଚାଲିଚି ମିଛରେ!

ଦେଓମାଳି

ମୁଁ ଯେବେ ଯେବେ ତମକୁ ଦିଶିଚି
ତମର ଅତୀତ ଭଳି,
ସେବେସେବେ ତମେ ବସ୍ ଝରକାରୁ
ଉହୁଁକି ପଡ଼ି ପଚାରିଚ
କାହିଁ ଦିଶୁନାହିଁ ତ ଦେଓମାଳି !
ତମକୁ ଭୁଲାଇବା ପାଇଁ
ସବୁଥର ମୁଁ କହିଚି
ସିଗାରେଟ୍‌ରେ ନିଆଁ ଧରାଇବା ବାହାନାରେ-
ଆରେ ପାଗଳି
ଏମିତି କଣ ଖାଲି ଆଖିରେ ଦିଶେ କାହାକୁ
ଦେଓମାଳି !
ସେଥିପାଇଁ ତ ଟୋପାଏ ହେଲେ ତଳେ ନପକାଇ
ସବୁତକ ଲୁହ ଧରିବାକୁ ହୁଏ ଆଖି ଭିତରେ,
ତାହେଲେ ଯାଇଁ ସେ
ନିଆଁର ନଖ ଦିଶେ କୁହୁଡ଼ିରେ !

ତମେ ତଥାପି ଭୁଲିନ,
ପାହାଡ଼ ଖୋଲରୁ ନିଆଁହୁଳା ଧରି
ବାହାରିଚନ୍ତି ତମର ଅସଂଖ୍ୟ ସ୍ମୃତି,
ଇତିହାସର ପ୍ରଥମ ଦିନ
ବଳି ପଡ଼ିଲା ଭଳି ଢଳି ପଡ଼ିଚନ୍ତି
ଖଡ଼ିକାଗୋଡ଼ରେ ଖାଲି ପାରୁନଥିବା
ଅସଂଖ୍ୟ ରାତି,
ହାତରେ ଜହ୍ନର ବିଶାଳ
ଥାଳିପଟେ ଧରି, ଗାଡ଼ିରେ ଉଠିଚି ଯଦି
କ୍ଷେତ ଜଗୁଥିବା ରୋଗିଣା ପିଲାଟେ
ରାୟଗଡ଼ାରୁ
ତମେ ତାକୁ କାନିରେ ଘୋଡ଼ାଇ ଦେଇ କହିଚ-
ଦେଖ ଦେଖ ମୋର କୋଳରେ ବସିଚି
ଦେଓମାଳି !

ଅର୍ଥ ସହିତ ଶତ୍ରୁତା

ଅର୍ଥ ସହିତ ମୋର ଶତ୍ରୁତା ନୂଆ ନୂଆ,
କହିବାକୁ ଗଲେ ସେଇ ମଧ୍ୟ ମୋର
ନୂଆ ନୂଆ ଆତ୍ମୀୟତା
କରମଙ୍ଗା ଗଛରୁ ନିଃଶବ୍ଦରେ କେତେବେଳେ
ଖସି ପଡ଼ିଥିବା ପରଭଳି
ଉପରଓଳିର ଏତେ ଟିକିଏ ଖରା ସାଙ୍ଗରେ,
ଏ ଖରାଟିକକ ଦିନେ ବଡ଼ ହେବ,
ନେଳି ରୁମାଲ୍ ହଲାଇ ହଲାଇ

ଧୂଳି ରାସ୍ତାରେ ଚାଲିବ ମୋର ଆଗେ ଆଗେ
ବର୍ଷାର ପ୍ରଥମ ମେଘ
ଦିଶିଗଲା ଯାଏଁ ନାରାଅଇରି ବଣ ଭିତରୁ।
ତାପରେ ସେ ଯିବ କୁଆଡ଼େ
ପାଇବି ନାହିଁ,

ବର୍ଷାର କାଉଁରିଆ କାଠିରେ
ଖୋଜି ବାହାର କରିବି
ଗୁଣ୍ଡୁଚି ଗାତରୁ
ଖଣ୍ଡିଆ ବରଫଳ କେଇଟା ଭୁଲ୍‌ରେ,
ଶାରୁ କିଆରିର ଢିମା ପଥରକୁ
ପିନ୍ଧାଇ ଦେବି ହଳେ ପତ୍ରର କାନ ଭୁଲ୍‌ରେ,
ଦିନର କାମ ସାରି ପୁଣି
ବସି ପଢ଼ିବି ବାମ୍ଫ ଉଠୁଥିବା ତାରାର
ସେଇ ପୁରୁଣା ଥାଳି ପାଖରେ।
ଏକଥା ମିଛ ଭାବୁଚ ଯଦି,
କୋଉ କଥାଟି ସତ ଶୁଆ ଛାଡ଼ି ଯାଇଥିବା
ଏ ଗଛରେ ?
ଗଛ ଶୁଆ ନା ପର ?
ନା ଏଣିକି ସବୁ ଘଟିଚାଲିଥିବ ମିଛରେ !

ଐଶ୍ୱର୍ଯ୍ୟ

ତାର ଏମିତି ବଦଳିଯିବାରେ
ଆମର ଆଶ୍ଚର୍ଯ୍ୟ ହେବାର କିଛି ନଥିଲା ।

ହଠାତ୍ ଯିଏ ପାଇଯାଇଚି ଏତେଗୁଡ଼ାଏ ଐଶ୍ୱର୍ଯ୍ୟ
ସିଏ ବି ଆମଭଳି ଆଗରୁ ଆସି ପହଂଚିବ ସଭାରେ
ଡେରିରେ ଫେରିବ ଘରକୁ
ଅନ୍ଧାରରୁ ଆଲୁଅକୁ ଯିବାର ପ୍ରାର୍ଥନାରୁ
ବାହାରିବ କଳାବୋଳିହୋଇ ମୁହଁରେ
ଏ କଥା ଆମେ ଭାବିଥାନ୍ତୁ ବା କାହିଁକି ?
ସେ ବେଶ୍ ଖୁସି ଅଛି, ପ୍ରାୟ ସବୁ କଥାରେ ହସୁଚି
ପଚାରିଲେ କହୁଚି 'ସବୁ ଠିକ୍ ଅଛି' ଭାବୁଚି
ଗୋଟେ ଫ୍ଲାଟ୍ କିଣିବି କି ଋଷିକେଶରେ ?

ଏମିତି କ'ଣ ମିଳିଚି କି ତାକୁ? - ଚିଡ଼ିଯାଇ କହୁଚି
ଆମ ଭିତରୁ ଜଣେ
ପୁଅ ବିକମ୍, ବେକାର
ସ୍ତ୍ରୀ ବେମାର
ଘର ଖଣ୍ଡେ ବି ତୋଳି ପାରିନି
ସେଥିରେ ପୁଣି ଏତେ ବହପ

ଏମିତି କି ଐଶ୍ୱର୍ଯ୍ୟ ମିଳିଯାଇଚି ତାକୁ,
ଋଷିକେଶରେ ଫ୍ଲାଟ୍ କିଣିବା କଥା କହିବ
ପୁଣି ଆମକୁ !
ଏମିତି କ'ଣ ପାଇଚି ସେ ?
ଆମ ମନରେ ସଂଦେହ ହୁଏ
ତା'ର ଏତେଗୁଡ଼ାଏ ଐଶ୍ୱର୍ଯ୍ୟ କଥା ଯାହା
ଶୁଣିଚୁ ଆମେ,
ହଠାତ୍ ଲାଗେ ମିଛ,
ଆମେ ଘେରିଯାଉ ତାକୁ
ଅଫିସ୍‌ରୁ ଫେରିବା ବାଟରେ।
ସେ କିଛି କହେନି,
ସବୁଠୁ ସାଂଘାତିକ ପରିହାସକୁ ବି
ସହିନିଏ ହସରେ,
ଆମ ଭିତରୁ ସବୁଠୁ ବଡ଼ ସାହସୀ ଜଣେ
ପଚାରେ ତାକୁ-
କ'ଣ କ'ଣ ପାଇବୁ କହ
ଧନସଂପଦ ? ଅମୃତ ?
ଲୁଟ୍‌ତରାଜ୍‌ରେ ଭାଗ ? ପଦ୍ମରାଗ ?
ସେ ତଥାପି କିଛି କହେନି,
ତା'ର ଏମିତି ଚୁପ୍ ରହିବାରେ
ଦିଶେ ଆମକୁ ହୃଦୟ ଗୋଟେ ମରୁଭୂମିର,
ଗୋଟେ ପ୍ରବଳ ବାଲିଝଡ଼ରେ
ପୋତି ହୋଇ ପଡ଼ିଥିବା ମରୀଚିକାର ସହର
ଯାହାର କୋଉ ନା କୋଉ କୋଣରେ ଅଛି
ଆମର ବଡ଼ ହେବାର ଗୋଟାଏ ଲେଖାଏଁ
ଗୋପନ ଅଭିସାର।
ଯେତେ ଲେଲିହାନ ହୋଇ ଜଳିବ ଶିଖା ଦ୍ୱିପ୍ରହରର
ସେତେ ଦିଶିବ ସୁନ୍ଦର
ଋଷିକେଶର ସେ ଫ୍ଲାଟ୍‌ର ଝରକାରୁ ସନ୍ଧ୍ୟାରେ
ଗଙ୍ଗାରେ ଭାସୁଥିବା ଅସଂଖ୍ୟ ଦୀପ ଅର୍ପଣର।

ବଂଶୀ

ବିନୋଦିନୀକୁ ସେମାନେ
କୁଆଡ଼େ ନେଇଗଲେ
ମୁଁ ଜାଣିନି-

ମୁଁ ଫେରିଲା ବେଳକୁ
ସେ ନାହିଁ,
ଖରାର ତାରରେ ଶୁଖୁଚି ତାର ଛାଇ,
ପତ୍ର ଗହଳରେ କାଉ ଖୋଳି ଖୋଳି
ଖାଉଚି ବସି
ଆଖି ବଢ଼ିଆଳର,
ଦୁଆର ଠିଆମେଲା ଘରର।

ସତରେ କ'ଣ ମୁଁ ଜାଣିନି
କୁଆଡ଼େ ଗଲା ବିନୋଦିନୀ,
ସତରେ କଣ ମୁଁ ଜାଣିନି
କିଏ ସେମାନେ ?
ମୁଁ କ'ଣ ନଥିଲି ଗାଁରେ

ଯେତେବେଳେ ନିଆଁ ପଶିଲା ଜଂଗଲରେ ?
ସତରେ କ'ଣ ମୁଁ ଶୁଣିପାରିଲି ନାହିଁ
ଅନ୍ଧାରରେ ପଟେ ଚୁଡ଼ି ଭାଙ୍ଗିଲା ଭଳି
ଗୋଟେ ଡାକ କାନ ପାଖରେ, ତା'ପରେ
ସୁଁ ସୁଁ କାନ୍ଦ ପବନରେ ?

ସତର କ'ଣ ମୁଁ ଜାଣିନି ଯେ
ସେଇ ବିନୋଦିନୀ ସେଇ ଯାହାର
ଶବ ପଡ଼ିଚି ସବୁ ଫେରିବାର
ବାଟ ମଝିରେ ?

ବଂଶୀରେ ବେଳେବେଳେ
ତାର ନାଁ ଡାକିବା ଛଡ଼ା
ମୁଁ ଆଉ କିଛି କହିନି ବିନୋଦିନୀକୁ
କେବେ,
ସେଇ ବୋଧେ ଥିଲା ନୀରବତାକୁ
ଦୁଆର ସେପଟୁ ଫେରାଇ ଦେବାର
କଳା ସେତେବେଳର ।

ଆଜି ଯଦି ତାକୁ ଉଡ଼ାଇ ନେଇଗଲା ପବନ
ଆକାଶକୁ, କି
ଖାଇଗଲା ନିଆଁ ବଣବାଟରେ,
ମୋର ଉପାୟ ନାହିଁ ତାକୁ ବଂଚେଇବାର
ଏ ଛାର ବାଉଁଶନଳୀ ଖଣ୍ଡକରେ ।

ସାତଶଂଖର ରଘୁ

ମୋ ନାଁ ରଘୁ, ଘର ସାତଶଂଖ

ବୁଲି ବୁଲି ସଂଜ ହେଲାଣି ଆସି
ନୂଆଖୁଡ଼ୀଙ୍କ ମୁଣ୍ଡର ସୁନାପାତିଆ ଭଳି
ଏତେ ଟିକିଏ ସରୁ ଜହ୍ନରୁ
ଆଉ କିଛି ମିଳିବ ନାହିଁ ଆଜି ।

କାହିଁକି ବା କ'ଣ ମିଳିବ ?
କିଏ କେବେ ହାତୀଗୁଂଫାରୁ
ହାତୀ ବାହାରିବା ଦେଖିଚି ନା
ରାଣୀଗୁଂଫାରୁ ରାଣୀ ?
ଖାଲି ମିଛରେ ଗାଳି ଶୁଣିବା କକେଇଙ୍କଠୁ ।

ଫେରିଯିବି,
ହେଲେ ସାନଭାଇକୁ କ'ଣ କହିବି ?
କ'ଣ କହିବି ଦିଟଙ୍କା ପାଇଁ ଗୋଦରଗୋଡ଼ରେ
ପୃଥିବୀ ବୁଲି ଫେରିଥିବା ନନାଙ୍କୁ ?

ଲୋକେ ଭାବିବେ
ରଘୁ ଶତପଥୀର ଭେଳା ବୁଡ଼ିଗଲା
ଭୁବନେଶ୍ୱରରେ,
ବୁଡୁ।

ମୁଁ ଶୋଇପଡ଼େଁ ଘଡ଼ିଏ,
ସବୁଥର ଭଳି ଏଥର ବି
ମୋତେ ନିଦରୁ ଉଠାଇ
ଜଣେ କିଏ ଆସି କହୁ:

ରଘୁ, ଏ ରଘୁ
ଯା'ନାରେ ସେ ବାଟରେ
ଯିଏ ଯାଇଚି, ସିଏ ଆଉ ଫେରିନି କେବେ
ସାତଶଂଖକୁ।

ଅପରାଧ

ପାଣି ଖୋଜି ଖୋଜି ସେମାନେ ଆସି ପହଂଚିଚନ୍ତି ତମର
ହ୍ରଦ କୂଳରେ,
ପେଟପୂରାଇ ପିଇଚନ୍ତି ପାଣି
ଧୋଇଚନ୍ତି ରକ୍ତଲଗା ଲୁଗା ଘାଟରେ,

ସେମାନଙ୍କ ଆଗରୁ ମୁଁ ଆସିଚି
ମୁହଁ ଦେଖିବା ପାଇଁ ତା'ର ଦର୍ପଣରେ
ପିଇନି ଟୋପାଏ ପାଣି, ଧୋଇ ବି ନାହିଁ ହାତ ଭୟରେ

ଶିକାର ଖେଳି ଖେଳି ସେମାନେ ଆସି ପହଂଚିଚନ୍ତି ସେଇ
ଜଂଗଲରେ,
ମାରିଚନ୍ତି ମନଇଚ୍ଛା ଗଣ୍ଡା ଗୟଳ
ଫଳ ଛିଣ୍ଡାଇ ଖାଇଚନ୍ତି ମନଇଚ୍ଛା ନିର୍ଭୟରେ

ସେମାନଙ୍କ ଆଗରୁ ମୁଁ ଆସିଚି
ସବୁ ହଜାଇ ଖାଲି ହାତରେ
ପଶୁପକ୍ଷୀ ମାରିବା ପାଇଁ ଚାହିଁନି କେବେ
ଫୁଲଫଳ ସୁନ୍ଦର ଦିଶିଚନ୍ତି ଗଛରେ

ଦିନ ଶେଷରେ ସେମାନେ ଆସି ଶୋଇଚନ୍ତି ତମର କନ୍ଦରାରେ
ପଥରର ପଂଜର ତମର ଥରିଚି ସେମାନଙ୍କ ନିଃଶ୍ୱାସରେ-

ସେମାନଙ୍କ ଆଗରୁ ମୁଁ ଆସିଚି
ମୋର ନିଦ ନାହିଁ ଆଖିରେ,
ଘରକୋଣରେ ଗହିଁଚି ପ୍ରାଚୀନ ଦୀପଟିଏ
ଡାକୁଚି ଆସ ଯିବା ବନବାସରେ

କାହିଁକି ତେବେ ନିଜକୁ ନିଜେ ଦଣ୍ଡି ଗଲିଚି
ନ କରିଥିବା ଅପରାଧରେ ?
କାହିଁକି ପଚରୁଚି
କୁହ କୁହ
ସତଠୁଁ ଅଧିକ ସତ ଆଉ ଅଛିକି ତମର ଆଖି ପଛରେ ?

ନିୟମ

କହିବାର ଅଛି ଅନେକ କଥା-
ତ୍ରିନାଥ ଆଜି ଗଲା ଟାଟା
ହାତ ପୋଛୁ ପୋଛୁ ଆରମ୍ଭ ହେଲା କଳି
ଦାଗୀ ଦିଜଣ ଧରାପଡ଼ିଲେ ବମ୍ବେ ବଗିରେ
କିଛି ନାହିଁ ସିଲ୍‌ଦିଆ ବୋରାରେ
କେଶରୀ ଗଲେ ଶିଲଂ ଶେଷରେ
କାଦମ୍ବରୀର ପ୍ରୁଫ୍‌ରେ ବାହାରିଲା ଅସଂଖ୍ୟ ଭୁଲ୍
ଚରି ଚରିଟା ପୋଷାବିଲେଇ ସନତ ଘରେ
ଗୌହାଟୀରୁ ଆସିବେ ଦି'ଜଣ କବି
ହଜିଥିବା ଆଖି ମିଳିବ ଭାଗଲପୁରରେ।
ଏମିତି କେତେ କ'ଣ
ହେଲେ ସବୁ କଥାରେ ତମେ ପଚରିବ
ଏ କ'ଣ ସତ ?
ସେଇଥିପାଇଁ ମୁଁ କହେନି କିଛି,
– କହିବି ପୁଣି ଯିବି ଥାନା ?
କି ନିୟମ ଯେ କରିଚ ନନା
ବାନା ଉଡୁଥିବା ଯାଏଁ ଥିବେ ଦିଅଁ
ଉଡ଼ିବା ବନ୍ଦ ହେଲେ ଉଠିବ ଧୂଆଁ
ଧୁଆହୋଇ ସଫା ହୋଇଥିବା ଗମ୍ଭୀରାରେ

ସେଇ ଧୂଆଁରେ ରଥ ଗଢ଼ିବ
ସାରା ଦୁନିଆଁ ଗଡ଼ି ଚଲିବ ଚକରେ !

ଉପାଖ୍ୟାନ

- ଯେ ମୋର ଖେଳଘରଟିଏ ଥିବ ନଈକୂଳରେ,
ଖେଳରେ ଗଡୁଥିବ ପାଣିକଖାରୁ, ପାଣିକଖାରୁରେ ପ୍ରାଣ ଥିବ
ଅସୁରୁଣୀର, ଅସୁରୁଣୀର ଥିବ ଗୋଟିଏ କାଠକଣ୍ଢେଇ ପୁଅ,
ପୁଅର ମନ ଥିବ ନାଲି କନିଅରରେ, କନିଅରରେ ଲାଗିଯାଇଥିବ
ଦୁନିଆଯାକର ପୋକ, ପୋକର... ?

- ଯେ ପୋକର ବି ସେମିତି ଥିବ ଗୋଟେ କ'ଣ
ଗୋପନ କଥା, ଯାହା କହିବାକୁ ଗଲାବେଳେ କାହାଣୀ ପଶିଯିବ
ଖଣ୍ଡପଡ଼ାର ଅଝାଡ଼ ଜଂଗଲରେ

ଗଣି ଗଣି ମୋର କୁରାଢ଼ି ଚୋଟ
ପଡୁଥିବ ଗଛର ବୁଢ଼ାଗଣ୍ଡିରେ
କୁରାଢ଼ିର ଧାର ଉପରେ ଥିବ ବାଛିବା ପାଇଁ ଦିଓଟି ବାଟ
ହଁ ହେଉ କି ନା
ସେଥିରୁ ଗୋଟିଏ ବାଟ ହେଇପାରେ ସେ ପୋକର, ସେଇ ବାଟ
ଯାହା ବାହାରେ ସୁଗନ୍ଧରୁ କାଠର, ଯାହାକୁ ଅଟକାଇ ପାରେନା
ରାସ୍ତାକଡ଼ର ମଶାଣିଘେରା ଡାକବଙ୍ଗଳା ବା
ବୀଭତ୍ସ ଆଂଗୁଠିର ଖେଳ ରକ୍ତପଳାଶରେ

ତାପରେ କଣ ହେବ ତାପରେ ? ଆପଣମାନେ ଭାବିନାହାନ୍ତି
ବୋଧେ ଯେ ପୋକଟି କେବେ ବାଟ ନପାଇ
ରହିଯାଇପାରେ କାଠ ବାହାରର କାହାଣୀରେ, ମୋର
କାଠକଟା ବି ବନ୍ଦ ହୋଇଯାଇପାରେ ଅଚାନକ, ସବୁ ହାଣକାଟ
ଭାଗ୍ୟ ହାତକୁ ବଢ଼ାଇଦେଲା ପରେ

ଏକଥା ଶୁଣି କାହାକୁ କାନ୍ଦ ଲାଗିପାରେ
କାହାକୁ ବି ଲାଗିପାରେ ୟାଠୁ ବଡ଼ ହସକଥା ନାହିଁ ଆଉ
ଏ ପୃଥିବୀରେ
କିଏ ବା ଦେହରେ ଚାଲୁଥିବା ପୋକଟିକୁ ଆଡ଼େଇ ଦେଇ କହିପାରେ :
ଦେହ ଅଛି ତ ରହିବ ନିଶ୍ଚୟ ପୋକ ସେଥିରେ !

ମାତୃଭୂମି

ତାକୁ କେହି ଦେଖିନାହାନ୍ତି
 ତା'ର ଦ୍ରୁମଦଳଶୋଭିନୀ ହେବାଟାଇ
ଲାଗିଚି ସବୁଠୁ ଅବାସ୍ତବ
 ସୁଡ଼ଙ୍ଗ ଭିତରେ ଲୁଚିଥିବା
 ଧ୍ରୁବ ଓ ତା'ର ସାଙ୍ଗମାନଙ୍କୁ

ବାହାରେ ଗୋଟେ ଗେରୁଆ ନିଆଁ ଜଳୁଚି,
ଦୁଇ ପାହାଡ଼ର ଖୋଲରେ ଗୁଡ଼େ ଶିରାଳ ଗଛ
ଭୋକିଲା ପେଟ ଦେଖାଇ ଠିଆହେଲେଣି ଧାଡ଼ିରେ
ପଥର ହେଲାଣି ପ୍ରସ୍ରବଣ
 ଗିରା ନଥିବା କସରା ପାପୁଲିରେ
ବୁଢ଼ୀଟିଏ ଆଉଁସି ଲାଗିଚି ତତଲା ପାହାଡ଼ର ମୁଣ୍ଡକୁ
ନୀରବରେ

ଏତିକି ଦେଖିଚନ୍ତି ସେମାନେ ଜନ୍ମହେଲା ପରଠୁଁ-
ଆଖିକି ସବୁବେଳେ କାଟିଚି ତାପଙ୍ଗ ରାସ୍ତାରେ
ଚୂନା ହେଉଥିବା ପଥରର ଧୂଆଁ ପଛରୁ ବାହାରୁଥିବା ଜହ୍ନ
ନିଆଁ ଧରୁନଥିବା ଚୁଲି ପାଖରେ ବସି
ମା'ର କାନ୍ଦ ପ୍ରବାସରୁ ଫେରିଆ'ରେ ମୋ ଧନ

ଏଇଥି ଶୁଣି ବଡ଼ ହୋଇଚନ୍ତି ସେମାନେ-
ଗ୍ଭଲୁଣିରେ ନଈବାଲିକୁ ଚଲାଅ
ଦେଖିବ ସୁନା ବାହାରିବ ସେଥିରୁ
ଫଟାଅ ପାହାଡ଼
ମିଳିଚି ସେଥିରୁ ଖାରବେଳଙ୍କ ଅଭିଷେକ ବେଳର
ଅକ୍ଷତ ଗ୍ଭଉଳ,
ନିଆଁ ଜଳାଅ ବନସ୍ତରେ
କୋଉ ନା କୋଉ ଫାଶରେ ପଡ଼ିବ ନିଶ୍ଚୟ
ମିଛସ୍ମୃତିର ମୃଗୁଣି ।

ସେମାନେ ବାହାରିଥିଲେ ଅନ୍ଧାର ରାତିରେ
ଗ୍ଭେରି କରିବାପାଇଁ ଆକାଶରୁ ତରା ମୁଠାଏ,
ଅଷ୍ଟଧାତୁର ଦେବୀମୂର୍ତ୍ତି କଥା ଭାବିନଥିଲେ
ଭାବିନଥିଲେ ଏତେ ମଦ ଅଛି
ମାଟିସରାରେ ଢଙ୍କା ହୋଇଥିବା ପେଟୁଆ ମାଟିହାଣ୍ଡିରେ

ସେମାନେ ଏବେ ବୁଝିଗଲେଣି କଥା
ଜାଣିଗଲେଣି ଉପାୟ,
ସୁଡ଼ଙ୍ଗରେ ଅଛି
ଉହଉହ ଭାତଥାଳି ଭଳି ଗୋଟେ
ମରୁଭୂମିକୁ ଯିବାର ବାଟ,
ସେଇ ସୁଡ଼ଙ୍ଗରେ ବି ଅଛି
ରକ୍ତ ପିଙ୍ଗଳ ପ୍ରବାସର

ହେଇଥାଉ ପଛେ
ସୁଜଳା ସୁଫଳା ଶସ୍ୟଶ୍ୟାମଳା କବିତାରେ
ଧ୍ରୁବ ଆଉ ତା' ସାଙ୍ଗମାନେ
ନାହାନ୍ତି ଆଉ ମାତୃଭୂମିରେ
ଘରଛାଡ଼ି ଯାଇ ପାରୁନଥିବା ଗୋଟିଏ ଗର୍ଭିଣୀ ସାରସ ଛଡ଼ା
ଆଉ କେହି ବି ନାହାନ୍ତି ସ୍ମୃତିର ସେ ଦ୍ୱୀପରେ ।

କଳାହାଣ୍ଡି

କଳାହାଣ୍ଡିଆ ମେଘ ଦେଖିଲି ମୁଁ ପ୍ରଥମ ଥର କଳାହାଣ୍ଡିରେ
ଜୁନାଗଡ଼ରୁ କୁରୁଗୁଡ଼ା ଯିବା ବାଟରେ, ସେ ବସିଥିଲା
ମୁହଁ ଶୁଖାଇ ଗୋଟେ ଝଙ୍କା ମହୁଲଗଛ ଉପରେ।

ମୁଁ ତାକୁ କହିଲି ପରୀକ୍ଷାରେ ମୁଁ ପ୍ରଥମ ହୁଏଁ ମେଘ
 ଦେଖିବୁ ତତେ ମୋ ସାଙ୍ଗରେ ନେଇଯିବି କଟକ

ତା'ପରେ ଆଉ ମୁଁ ଯାଇନି କଳାହାଣ୍ଡି
ଦେଖିନି ବି ଆଉ କଳାହାଣ୍ଡିଆ ମେଘ
ବିନ୍ଧ୍ୟଶିଖରର ଚିରୁଡ଼େ ଖଇରିଆ ମେଘକୁ ଦେଖି
ପଚାରିଚି: ତମେ ଦେଖିବ ମୋର କଳାହାଣ୍ଡିଆ ମେଘକୁ
ପିଲାଦିନର, ଜାଣିଚ କି ସିଏ କୋଉଠି ଅଛି ଏବେ?
 ହିମାଚଳର ଚାଲି ପାରୁନଥିବା ମୋଟା ଗୋରା ମେଘକୁ
ପଚାରିଚି: ତମର ଦେଖାହୁଏକି କେବେ ମୋର ସେ
କଳାହାଣ୍ଡିଆ ମେଗ ସାଂଗରେ, ସିଆଡୁ କେହି କେବେ
ଆସେ କି ଇଆଡ଼େ ଖବର ନେଇ ତାର?

କେଉଠୁ ବି ପାଇନି ଉତ୍ତର, କେହି
କହିନାହାନ୍ତି କିଛି
ଏମିତିକି ମାଟି ଗାଁର ସୁରେଶ ସାଗର ବି ଚୁପ୍
ଦି'ଚାରି ଧାଡ଼ି ଲେଖିଲା ପରେ

ମୁଁ ଜାଣିଚି ସେ ସେଇଠି ବସିଚି ଏଯାଏଁ
ସେ ମହୁଲ ଗଛର ମୁଣ୍ଡ ଉପରେ
ସେଇଥିଯୋଗୁ ତ ଯେତେ ଯାହା ଅନର୍ଥ ହେଲା
ଚଉଚିର ହୋଇ ଫାଟିଲା ମାଟି
ମରୁଡ଼ି ପଡ଼ିଲା କଳାହାଣ୍ଡିରେ
ସେଇଥିଯୋଗୁଁ କାହାରି ଲୁହ ପୋଛିବା ପାଇଁ
ବଳ ରହିଲା ନାହିଁ ମୋ ହାତରେ

ମୁଁ କ'ଣ ସତରେ ତାକୁ ଆଣିପାରିଥାନ୍ତି କଟକ
ନା ସିଏ କେବେ ରହିପାରିଥାନ୍ତା କଟକରେ !
ତା'ର ପେଟ ଭିତରେ ଥିଲା ଯେଉଁ
ଫାଟି ଆଁ କରିଥିବା ଭୋକ ଯୁଗ ଯୁଗର
ତାକୁ କିଏ ଭରିଥାନ୍ତା
ନିଜ ଦେହର ହାଡ଼ ମାଂସରେ ?

ସ୍ୱପ୍ନ

ରଙ୍କ ଓ ତା ସ୍ତ୍ରୀ ବଜାର ଯିବେ
ରଙ୍କର ସ୍ତ୍ରୀ କହିବ ଯା କିଣିବା ତା କିଣିବା
ରଙ୍କ ମୁହଁଟାଣ କରି କହିବ : ହଁ କିଣିବା ତ ଥରେ
ଦେଖିନିଅ ଭଲକରି ଅଛନ୍ତି କି କି ସୁନ୍ଦର ଜୀବଜନ୍ତୁ
ଜଂଗଲ ଭଳି ବ୍ୟାପିଥିବା ଏ ଦୋକାନମାନଙ୍କରେ
ରଙ୍କର ସ୍ତ୍ରୀ ମନେ ମନେ ବାଛିଥିବ ମୁଠାଏ
ଉଲ୍‌ବୁଣା କଂଟା, ଡବାଏ ଘିଅ, ଗୋଟେ କରଚୁଲି
ଅଢ଼େଇଫୁଟ ପ୍ଲାଷ୍ଟିକ୍ ଲତା ଓ କୁନିପୁଅ ପାଇଁ
ହଳେ ଫୁଲଫୁଲିଆ ଜୋତା ।
ରଙ୍କ ପଚାରିବ : ଭାବିଲ କ'ଣ ସବୁ
କିଣିବ, ଟିକିଏ ଶୀଘ୍ର ଭାବ ଜାଣିଚ ଆମେ
ସାରା ବଜାର ବୁଲି ସାରିଲେଣି ଏ ଭିତରେ, ପଶି ସାରିଲେଣି
ସବୁ ବଡ଼ଦୋକାନରେ ଅନ୍ତତଃ ଦି'ଥର
କ'ଣ ଯେ ହୁଏ ତମର ବଜାର ଆସିଲେ, ସେଇ ଜିନିଷକୁ
ଦେଖୁଥାଅ ଥରକୁ ଥର, ହେଲେ କିଣିଲାବେଳକୁ
ସବୁବେଳେ ସେଇ ଗୋଟାଏ ଝାଡୁ, ନହେଲେ ମଗ୍
ନହେଲେ ଅତିବେଶୀରେ ଡଜନେ ଚୁଡ଼ି ଡବାଏ ସିନ୍ଦୂର ।

ଭାବିଲ ? ରଙ୍କର ଝପାରଡ଼ିରେ ହାଲୁକ ଶୁଖିଯାଏ
ସତ୍ୟବତୀର । ତାକୁ ଲାଗେ ଯେମିତି ସେ ପଡ଼ିଯାଇଚି
ସତକୁ ସତ ଜୀବଜନ୍ତୁଙ୍କ କବଳରେ । ସେ ଏପଟ ସେପଟ
ହୁଏ, ଘରିଆଡ଼କୁ ଚହେଁ, ତାକୁ ଆଉ କିଛି ଦିଶେନାହିଁ
ଦୋକାନରେ, ଭାବିଥିବା ଜିନିଷସବୁ ବି ଆଉ ରହନ୍ତି ନାହିଁ ମନରେ ।
କହେ ଚଲ ଯିବା ଅନେକ ଡେରି ହେଲାଣି
ତମର ଛୁଟିଥିଲା ଦିନ ଟିକେ ସହଳ ଆସିବା
ଆଜି ଏମିତି ଜରୁରୀ କିଛି ନାହିଁ-
ସବୁ ତ ଅଛି ଘରେ !
ରଙ୍କ ହସିବ, ଭାବିବ ହଁ ସବୁତ ଅଛି ଘରେ
ଏମିତି କି ଅପୂର୍ବ ଜିନିଷ ଅଛି ଏ ବଜାରରେ ?

କିସ୍ତିରେ କିଣିବା ଗୋଟେ ରେଫ୍ରିଜେରେଟର୍, ହସି ହସି
କହିବ ସତ୍ୟବତୀ ଫେରିଲାବେଳକୁ, ରଙ୍କ ବି ହସିବ
କହିବ କ'ଣ ପାଣି ନାହିଁ ପଡ଼ିଶାଘର କୂଅରେ ?
କେତେ ଥଣ୍ଡାପାଣି ବା ମଣିଷ ପିଇପାରିବ ଜୀବନରେ ?
ପାଣିବୋତଲ ଛଡ଼ା କ'ଣ ଏମିତି ରହିବ ତମ ରେଫ୍ରିଜେରେଟର୍‌ରେ ?

କିସ୍ତିରେ ଆମେ କିଣି ବି ତ ପାରନ୍ତେ ଗୋଟେ ଘର !
ପିଲାମାନେ କହନ୍ତେ ବିଡ଼ାନାସୀରେ ଅଛି ଆମର ଘର
ତିନିପୁରୁଷର, ସ୍ୱର ଟିକିଏ ଭାରି ହୋଇଯିବ ସତ୍ୟବତୀର

ଏଥର ରଙ୍କକୁ କାନ୍ଦ ଲାଗିବ, କାନ୍ଦ ଚପିବା ପାଇଁ
ହୋହୋ ହୋଇ ହସିବ ରଙ୍କ । ସତ୍ୟବତୀ ଡରିଯିବ
କାଳେ ସ୍କୁଟର ବାଜିଯିବ କାହା ଦେହରେ କାଳେ
ବାଧିବ ରଙ୍କକୁ, ପଥର ପିଠିର ଘା'କୁ ଆଉ ଉଖାରି ଦେଲେ ।

ସେମାନେ ପହଂଚିଯିବେ ଦେଖୁ ଦେଖୁ, ଆଖି ପିଛୁଳାକେ
ସ୍କୁଟର ପାଖରେ ଠିଆ ହୋଇଯିବେ ପୁଅ ଓ ତା'ର ଅନୁଗତ
ବୁଲାକୁକୁର । କୃଷ୍ଣବାବୁ ପଡ଼ୋଶୀ ବାହାରିଥିବେ ବୁଲି

ପଚାରିବେ : କ'ଣ ସବୁ ଆଣିଲେ ବଜାରରୁ
ଦେଖି ଦେଖି ଆଣିଲେ କି କିସ୍ତିରେ ଗୋଟେ କମ୍ବଳ କଳାମନ୍ଦିରରୁ ?

ରଙ୍କ ଗହିଁବ ସତ୍ୟବତୀର ମୁହଁକୁ। ସତ୍ୟବତୀର
ମୁହଁ ଦିଶୁଥିବ ଅଝାଡ଼ ଜଂଗଲରୁ
ଉଦ୍ଧାର ପାଇ ଆସିଥିବା ପରୀର ମୁହଁଭଳି ସୁନ୍ଦର
ରଙ୍କ ଭାବିବ ସତରେ
ଆଉ କିଛି ନାହିଁ ପାଇବା ପାଇଁ ଏ ପୃଥିବୀରେ
ଘରକୁ ଫେରିବାପାଇଁ ଗୋଟେ ବାଟ ଛଡ଼ା
ନଥାଉ ପଛେ ଘର।

ସ୍ୱପ୍ନଜୀବୀ

ଏମିତି ବେଳେବେଳେ ହୁଏ ଯେ
ଫଟାଆକାଶରୁ ଗୁଲ୍‌ଗାଲ୍ ହୋଇ ଗଳିପଡ଼ନ୍ତି
ଫୁଲାଏ ହେବ ତରା
ଗୋଟାଏ ପୂରା ଛାୟାପଥ ବି ଖସିପଡ଼େ ବେଳେବେଳେ

ସ୍ୱପ୍ନଜୀବୀମାନଙ୍କ ଜୀବନରେ ଏମିତି ଅନେକ ଘଟଣା
ଥାଏ, ଯାହାକୁ ସେମାନେ କହନ୍ତି ନାହିଁ ଖୋଲାଖୋଲି
ଆଖିରୁ ତାଙ୍କର ଜାଣିହୁଏ ସେମାନେ ଆଉ ନାହାନ୍ତି ଏଠି
ଆଉ ଗୋଟିଏ ଦୁନିଆଁରେ ସେମାନେ ରହିଲେଣି କେବେଠୁ
ଆମ ପାଖରେ ଅଛି ଟିପେ ତାରାଧୂଳି କେବଳ
ପ୍ରମାଣ ହୋଇ ସେମାନଙ୍କ ବିମାନ ଏଠି ଓହ୍ଲାଇବାର

ସେମାନଙ୍କୁ ନେଇ ବହୁ କନ୍ଦଳ,
            ସେମାନେ ଯା କରିପାରନ୍ତି ନାହିଁ
            ସେମାନେ ତା କରିପାରନ୍ତି ନାହିଁ
ଛଡ଼ାଇ ନିଅନ୍ତି ଆମଠାରୁ ସିଧାସଳଖ ବଂଚିବାର ଅଧିକାର
ସେଇମାନେଇ ସୁଧାର ଭୋଳାନାଥକୁ ଶିଖାନ୍ତି

ଯା' ଚାଲିଯା' ବନ୍ଧେ,
ଭ୍ରମର ତାଙ୍କରି କଥାରେ ପଡ଼ି
ଚାକିରି ଛାଡ଼ିଦିଏ ରାଜା ହେବ ବୋଲି ଅପେରାରେ,
କପିଳ ଡ୍ରାଇଭର୍
ଟ୍ରକ୍ ବାଡ଼େଇଦିଏ ଗୀତ ଗାଉଥିବା ଓସ୍ତଗଛରେ

ସେମାନେ ଶୁଅନ୍ତି ନାହିଁ ନିଦରେ,
ନିଦରେ ହିଁ ସେମାନେ
ବାହାରିଯାନ୍ତି ଏକା ଏକା ପୃଥିବୀ ଭ୍ରମଣରେ ।

ସେମାନଙ୍କ ପୃଥିବୀରେ ଆମର ଛୋଟବଡ଼ କଥା ନଥାଏ
ବସ୍ ଛାଡ଼ିଦେଲେ ସେମାନେ ମୁଣ୍ଡପିଟି ରହିଯାଆନ୍ତି ନାହିଁ
ରାସ୍ତାକଡ଼ରେ, ସାଂଗଘରେ ମଦପିଇ ହୁଅନ୍ତି ନାହିଁ ବେହୋସ୍
ସୁନାରୁପାର ଦର ବଢ଼ିବାର ଭୟ ତାଙ୍କୁ କରିପାରେନି ଉଦାସ
ସେମାନଙ୍କର ପୃଥିବୀ ଅଲଗା, ସେଠି ସାରାଦିନ ଚାଲେ
ନାଚଗୀତ, ଭୂରିଭୋଜନ,
ନିଜେ ଇନ୍ଦ୍ର ଚାଲିଚାଲି
ଆସନ୍ତି ତାଙ୍କର ଫୁଲସଭାକୁ,
ସେମାନେ କ୍ୱଚିତ୍ ଆସନ୍ତି
ଧୋଇମରୁଡ଼ି ବିରୁଦ୍ଧରେ ଡକା ହୋଇଥିବା
ଆମର ଜନସଭାକୁ

ସେମାନେ ଆମର ଶତ୍ରୁ ବୋଲି କହିସାରିଲେଣି
ମହାମହା ଲୋକମାନେ କେବଠୁ,
ତଥାପି
ଆମେ ତାଙ୍କୁ ବାଟଛାଡ଼ି ଦେଇଚେ
ଯିବାପାଇଁ ସେଇ ଜାଗାକୁ
ଯୋଉଠୁ ତୋଫାନ୍ ଉଠିବ ଆଉ ପାଂଚମିନିଟ୍ ପରେ
ଉଡ଼ାଇନେବ ଘରଦ୍ୱାର, ଚାନ୍ଦୁଆ, ଚୌଦୋଳ ସବୁ
ଭଂଗା ଆସବାବରେ ଖଚାଖଚ୍ ଭରି ସାରିଥିବା
ଆକାଶକୁ

ସେମାନେ ନଥିଲେ
ଆମର ହସିବା ବି ହୁଅନ୍ତା ନାହିଁ ସହଜ,
ଆମର ଢିମାପଥରର କପାଳରେ କେବେ
ଲାଗନ୍ତା ନାହିଁ ଟୋପାଏ ହେଲେ ସିନ୍ଦୂର
ଆକାଶକୁ ଚାହିଁଲେ ଆମକୁ ଦିଶନ୍ତେ ନାହିଁ
ଗୋଟିଏ ହେଲେ ତାରା,
ଫେରିବା ବାଟରେ ଛୁଅନ୍ତା ନାହିଁ ଆମକୁ ଚୈରାଫଗୁଣ
ଲୁହ ବି ଆଉ ରହନ୍ତା ନାହିଁ ଆଖିରେ !

ଆଲାପ

ଦାଂପତ୍ୟର ପ୍ରେମ କବିତା

୧

ମୁଁ କେବେ କିଛି କହିନି
କହିନି ଆଣିଦେବି ଦୂର ଦ୍ୱୀପରୁ
ଆଲୁଅ ଅଜଣା ବନ୍ଦରର
କହିନି ତମର ମୁହଁ ଦିଶୁଚି କେତେ ସୁନ୍ଦର
ବର୍ଷାରାତିର ସୋରା ସୋରା ଦର୍ପଣରେ।

ତମେବି କିଛି କହିନ
କେବଳ ଅଭିମାନରେ ସହିଯାଇଚ
ଗୋଟାକ ପରେ ଗୋଟାଏ ଆସି
ଚାଲିଯାଇଥିବା ତାଳିମାଡ଼ ଝଡ଼ର
ବେଶି କାଟିଲେ ଉଃ କହି କିଳିଦେଇଚ ଦୁଆର।

ମୁଁ ସବୁବେଳେ ଭାବିଚି ତମେ ଅଛ
ଯେମିତି ଅଛି ମୁଁ
ଭାଗ୍ୟର ଏପଟେ ସେପଟେ
ଦିପଟେ ଲେଖା ସେଇ ଏକାକଥାର
ପୁନରାବୃତ୍ତିରେ
ସାକ୍ଷୀ ହୋଇ କାଳର !

୨
ଏ ଭିତରେ କେତେ ଛୋଟ ହୋଇଯାଇଚି
ଆମର ପୃଥିବୀ
ଯେ ଆମେ ଆଉ ଖୋଜି ବାହାରୁନେ
ବାଟରେ କୋଉଠି ରହିଗଲାକି ବାଲିରେ
ପୋତିହୋଇ ପଡ଼ିଲା ପାଦ ରୁଣୁଝୁଣୁ
ଆମର ସେ ସଦା ହସହସ ସାକ୍ଷୀର !

କୁଆଡ଼େ ଗଲା ? କୁଆଡ଼େ ଗଲା
ଛୋଟ ଚଢ଼େଇଟିଏ ଯିଏ ବାହାରିଥିଲା
ମଦରଙ୍ଗା ଶାଗର ବିଲ ଡେଇଁ ଡେଇଁ
ଯିବାପାଇଁ ଆକାଶଗଙ୍ଗା ସେପାରିକି
ଆମେ ଜାଣିନେ,
ଖୋଜିନେ ବି କେବେ ।

ଯେତେ ଯେତେ
ଅପୂର୍ବ ଦିଶିଚି ଆମର
ଗେରୁଧଉଳା ମୁହଁ ପୃଥିବୀର
ସେତିକି ସେତିକି କମ୍ ଦିଶିଚି ଆମକୁ
ଦର୍ପ ଇତିହାସର ।

ଛୋଟ ଆମର ପୃଥିବୀରେ
ଛୋଟ ଆମର ସଂସାର !

୩
ଘର କଣ ସଂସାର କଣ
କେମିତି ଧରାଯାଏ ଡଂଗାର ମଂଗ
ଥଳକୂଳ ନଥିବା ଦରିଆରେ
ତମେ କଣ ଜାଣ ?
ମୁଁ ତମକୁ ଶିଖାଇଚି ଘର କଣ ସଂସାର କଣ-

ଥଳକୂଳ ନଥିବା ଦରିଆରେ କେମିତି ଧରାଯାଏ
ମଂଗ ଡଂଗାର, ମୋ'ଠୁ ଶୁଣ।

ଘର ତାକୁ କହନ୍ତି ଯାର
ଛାତରୁ ଉଡ଼ିଗଲେବି ଛପର
କଣଟିଏ ଥାଏ ଲୁଚିବା ପାଇଁ
କିଛି ନହେଲେ ଅଖା ଖଣ୍ଡେ କି କେର୍‌ପାଲ୍‌ଟେ ଥାଏ
ଘେରାଇ ଦେବାପାଇଁ ଓଦା ଜୁଡୁବୁଡୁ ଦେହରେ;
ତାଆରି ଭିତରେ ଜନ୍ମ ହୁଅନ୍ତି ପିଲେ
ବଢ଼ିଯାଲନ୍ତି, ଖେଳୁଆଡ଼୍ ବାପର ଚମ ଧୁଡୁଧୁଡୁ ହୁଏ,
ଚନ୍ଦ୍ରଉଦିଆ ମା'ର ବାଳ ପାଚି ହୁଏ ଝୋଟ,
କିନ୍ତୁ ଅଣ୍ଡାଳି ଦେଲେ ଥାଏ ଘର।
ଘାସ, କୁଟା ଶୁଖିଲାପତ୍ର, ଚଢ଼େଇପର, ଘଟ।
ଏଇ ଶୁଣ
ଯାକୁ କହନ୍ତି ସଂସାର
ଯାହାର
ସାତଟି କି ନଅଟି ଖମ୍ବ ଉପରେ
ଥୁଆହୋଇଚି ଗୋଟିଏ ପ୍ରତ୍ୟାହାର
ଆମର ସବୁ ଭଲପାଇବାର ପୃଥୁଳ ଅହଂକାର।

ଆମେ ପୁଣି ଫେରିବା ଏଠିକି ନା
ରହିଯିବା ଆଉ କୋଉଠି ଭାବୁଭାବୁ
ଦିଶିଯିବ ତାର କୁହୁଡ଼ିଗାର
ବାଇଗବା କ୍ଷୀରର ଫୋଟକାମାଳ
ହିଡ଼ ଉପରେ।
ତମେ ଯାଲିଥିବ ବାଟ ବାରିବାରି
ଦିଶୁନଥିବ ମୁହଁକୁ ମୁହଁ
ତଥାପି ଲାଗୁଥିବ ଏଇ ପାଖରେ ଅଛି
ମୋର ଭଉଣୀ ଘର,
ଏଇ ହିଡ଼ଖଣ୍ଡକ ଟପିଲେ ଶୁଭିବ
ପାଟି ଭାଇର;

ବାପା ଏଇଠି ଥିଲେ, ଏଇ ସ୍କୁଲ୍‌ରେ ମାଷ୍ଟ୍ର;
କୁଢ଼େଇ ହୋଇପଡୁ ସବୁତକ ଆମ୍ବ
ଏ ମିଠା ନାକୋଇ ଗଛରୁ ସଂଗାତ;
ରାସ୍ତା ଆରପଟେ ଥାନା ଗଙ୍ଗାଧରପୁର।

ଏ ଜମିଖଣ୍ଡକ ଦିଅ
ଯେତେ ମାଗୁଚ ନିଅ
ଯଦି ଜହ୍ନ ନଉଠେ ଖେଳିବା କେମିତି
ବାଘଛେଳି କି ଗୋଲାମଚୋରୀ
ସଂସାର ଏମିତି ଥାଏ ସବୁ ଶୋଇଥିବା ଟାକୁଆ ଭିତରେ
ଜୀବନ ଭଳି !

ମଂଗଧର ଏଥର ଡଂଗାର !
ମୁଁ ସଜାଏଁ ନିଜକୁ ରାଣୀକରି
ବସେଁଟିକିଏ ତମ କୋଳରେ ଆଖିବୁଜି
ଭାବେଁ କଣ କଣ ସବୁ ହରାଇଚି ଅଜାଣତରେ
ଘର କଣ ସଂସାର କଣ ଜାଣୁନଥିବା ଗୋଟେ
ଭଲପାଇବାର ହାତରେ ହାତରଖି ଯିବାବାଟରେ।

୪
ମୁଁ କହୁଚି ଶୁଣ କଣ ହଜିଚି ତମର :
ପ୍ରଥମେ ହଜିଲା ମଥାର ଟିକିଲି ଧୂଳିଖେଳରେ
ଖୋଜି ଖୋଜି ତାକୁ ପାଇଲ ନାହିଁ।

ଖୋଜି ଖୋଜି ତାକୁ ପାଇଲ ନାହିଁ,
ଭାଇ ଖବର ଦେଲା ଥାନାରେ
ବାପା ଆସିଲେ ଅଫିସ ଛାଡ଼ି ଉଦୁଉଦିଆ ଖରାରେ
ମିଳିଲା ନାହିଁ ଟିକିଲି
ଭାଇଗଲା କ୍ରିକେଟ ଖେଳି, ବାପାଗଲେ ପିପିଲି।

ତା'ପରେ ହଜିଲା ପାଉଁଜିପଟେ ଶୋଇବା ଘରେ
ହସିଲେ ସାଂଗମାନେ କହିଲେ ହେଲା
ପାଉଁଜି ହଜିଲେ ଆସିବ ବର
ପକ୍ଷୀରାଜରେ ରାଜକୁମାର
କଥା ରହିଲା।

ବର ନା ଫର ତମେ ଖତେଇ ହେଲ
ପୁଣି ଭାବିଲ ସତରେ କଣ
ହଜିଲା ପାଉଁଜି ଆଣିଦିଏ ପୁଣି
ରାଜକୁମାର ?

ନମିଳୁ ପାଉଁଜି ନମିଳୁ କେବେ
ଏଇଠି ପଡ଼ିଥାଉ ନମିଳୁ କେବେ
ସେଇଆ ହେଲା
ପାଉଁଜିକୁ ତମେ ପାଇଲ ନାହିଁ,
ବର ଆସିଗଲା ରୋଷଣୀ ନେଇ।

ତା'ପରେ ହଜିଲା ରୁପାଥାଳି ପଟେ
ଅଇଁଠା ବାସନ କୁଢ଼ରେ କୋଉଠି
ମିଳିଲା ନାହିଁ,
ତମେ ଭାବିଦେଲ ଥିବ ତ ଏଇଠି
ଯିବ କୁଆଡ଼େ
ଦେଖିଲାବେଳକୁ ସେଇ ଥାଳିଗିନା ବାସନକୁସନ
ରୁପାଥାଳି ପଟେ ଗଲାକୁଆଡ଼େ ?
ସ୍ୱାମୀଙ୍କୁ କହିଲ ସ୍ୱାମୀ ହସିଲେ
ପୂର୍ଣ୍ଣମୀ ଜହ୍ନରେ ଥିବ କାଳେ ବୋଲି ଟାପରା କଲେ
ସିଏ ବି ଗଲା।

ତା'ପରେ ହଜିଲା ସୁନାହାରଟେ
ଆଇନା କହିଲା ମୁଁ ନେଇଚି
ଉଡ଼ିଉଡ଼ି ଆସି ମଇନା କହିଲା ମୁଁ ନେଇଚି। ମିଛ କହିଲା।

କିଏସେ ନେଲା ?
ସତରେ କାହାର ଲୋଭ ହେଲା ସୋରେ ସୁନାମାଳିରେ
ଯେତେ ଦେଖିଲେ ବି ଦିଶିଲା ନାହିଁ
ସତେ ଯେମିତିକି ଗଲା ଉଭେଇ ।

ତା'ପରେ ହଜିଲା ଗୋଟିଗୋଟି ହୋଇ
କେତେ କଣ ତାର ହିସାବ ନାହିଁ
ହିସାବକରି ବସିଚ ଯଦି, ଶୁଣ -

ସବୁ ହଜିବାର ଗୋଟେ ନଦୀ ଥାଏ, ବହୁଦୂରରୁ
ଶୁଭେ ତାର ନିକ୍ୱଣ,
ଯାହା ଯାହା ହଜିଚି ତମର ଏକାଠି କରି ସବୁକୁ
ତମେ ବଜାଇ ପାରିବ ତମର ଏସ୍ରାଜ୍‌ରେ ଗୋଟେ
ରାତିପାହିବାର ରାଗ,
ଦୋଷୀ ବି କରିପାରିବ ଭାଗ୍ୟକୁ
ଅଳସ ଢେଉରେ ଧିରେ ଧିରେ ହଟିଗଲାବେଳେ
ବାଲୁଚରରୁ ଅନ୍ଧାର
ସେତିକିବେଳେ ଦିଶିବ ତମକୁ ସବୁ ପାଇବାର ସାଗର ।

ଗାନ୍ଧି

ଗାନ୍ଧିଙ୍କୁ ଦେଖିଲି କାଲି
ଗାନ୍ଧିଙ୍କ ଭଳି ଅବିକଳ ଦିଶୁଥିବା ସେ ଲୋକଟିକୁ
ସେମାନେ ଭଡ଼ାରେ ଆଣିଥିଲେ
ବୟାଳିଶମୌଜାର ଖାର ମାଡ଼ିଯାଇଥିବା
କୋଉ ଗୋଟେ ଗାଁରୁ
ସେହି ଥିଲା ଗାନ୍ଧିଜୟନ୍ତୀ ଉତ୍ସବରେ
ଶ୍ରେଷ୍ଠ ଆକର୍ଷଣ ସେଦିନର
ଗାନ୍ଧିଙ୍କ ହସ ଭଳି ଲମ୍ବା ହସ
ସେଇ ଶୁଆନାକ, ସେଇ ଠିଆକାନ
ସେଇ ପାଚିଲା ରୂଢ଼ ଅଳ୍ପ ଅଳ୍ପ
ସେଇ ଗୋଲ ମୁଣ୍ଡ
ସେଇ କାନପଛକୁ ମୋଡ଼ି ହୋଇ ଯାଇଥିବା
ଚଷମାବାଡ଼ି, ସେହି ଗୋଲଚଷମା
ସେହି ଆଜାନୁଲମ୍ବିତ ବାହୁ
ଶିରାଳ ରଜ୍ଜୁ ଦେହ
ଆଣ୍ଠୁଯାଏଁ ଧୋତି
ଲମ୍ବାଗୋଡ଼ ପାହୁଣ୍ଡ ପକାଇ
ବାହାରିଯିବା ପାଇଁ ଉଦ୍ୟତ
ସେହି ପାଚିଲା ବାଉଁଶର
ଲାଠି ଖଣ୍ଡିଏ,
ସେହି ଠାଣି ଠିଆହେବାର।

ନୂଆଖାଲିର ଗାନ୍ଧି ଇଏ ? ଚମ୍ପାରଣର ? ଦାଣ୍ଡିର ?
ନା ପ୍ରାର୍ଥନାସଭାକୁ ଯିବାବେଳର ଗାନ୍ଧୀ ଇଏ ମରିବା ଆଗର ?

ଲୋକଟା ଠିଆ ହୋଇଥିଲା ସେମିତି
ପୃଷ୍ଠଭୂମିରେ
ନିଶ୍ଚଳ
ନିର୍ବାକ
ସ୍ଥାପତ୍ୟ ହୋଇ ସ୍ମୃତିର ।

ଗାନ୍ଧିଙ୍କୁ ସ୍ମରଣ କରିବାର ଏ କଳାତ୍ମକ ଉପାୟ
ପାଇଥିଲେ ସେମାନେ ଏ ଘଡ଼ିସନ୍ଧି ବେଳରେ
ଯେତେବେଳେ ଗାନ୍ଧିଟିଏ ପାଇବା ଆଉ ସମ୍ଭବ ନୁହେଁକି
ସମ୍ଭବ ନୁହେଁ ଅଭିନୟ କରିବା ଗାନ୍ଧି ଭୂମିକାରେ

ସଭା ସରିଲା
ଲୋକଟିକୁ ସେମାନେ ଧରାଇଦେଲେ ଟଙ୍କା ହଜାରେ
କିଏ ବା ଆଉ କେତେ ଅର୍ଜନ୍ତା
ଖାଲି ଠିଆ ହୋଇ ହୋଇ ଗାନ୍ଧିବେଶରେ
ଦୁଇ ଘଣ୍ଟାରେ ?

ଲୋକଟା ଏଥର ବାହାରିଲା ଯିବାକୁ
ଲାଠି ଚଷମା ଚପଲ ଧୋତି
ଥୋଇଲା ଅଲଗା କରି,
ବନ୍ଦକଲା ଦଦରା ଟିଣର ବାକ୍ସ ଖଣ୍ଡକ
ଚାହିଁଲା ଚାରିଆଡ଼କୁ, କେହି କୁଆଡ଼େ ନାହାନ୍ତି, କେବଳ
ଦି'ଚାରିଟା ପିଲା ମଇଳା ସାଲୁବାଲୁ ହୋଇ
ଅଳିଆଗଦାରୁ ଖୋଜୁଛନ୍ତି ଜରି ।

ସେ ହସିଲା
ସେହି ଛୋଟ ଛୋଟ ପିଲା କେତୋଟିଙ୍କୁ ନେଇ
ବସିଗଲା ସେଇଠି,
କହିଲା : ପିଲେ ମୋତେ ଜାଣିଛ ?
ମୁଁ ଗାନ୍ଧି ।
ପିଲାଏ କୁର୍ କୁର୍ ହୋଇ ହସିଲେ
ସେ ବି ହସିଲା ତାଙ୍କ ସାଙ୍ଗରେ ।

ସେ ପିଲାଙ୍କ ଭିତରେ ସବୁଠୁ ଟାଇଁ
ଟୋକାଖଣ୍ଡକ ପଚାରିଲା କୌତୁକରେ :
ତମେ ଗାନ୍ଧି ହୁଅ କି ଫାନ୍ଧି
ଆମର କି ଯାଏ, ଦବ କି ଏମିତି ବର
ଯେ ଅଳିଆ ଗଦାରେ ହାତ ବୁଲାଇଲେ
ମିଳିବ ଜରି, ମିଳିବ ସବୁ ଚିରାଫଟା ଭିତରେ
ପିନ୍ଧିବା ଲାଏକ୍ ଖଣ୍ଡେ ଜାମା, କେବେ କେମିତି
ଅଧାଖିଆ ସେଉ ଖଣ୍ଡେ ଅଳିଆ ଗଦାରେ ?

ଲୋକଟା କାନ୍ଦିଲା ଏଥର, କହିଲା :
ମୁଁ ଦେଇପାରେ ତମକୁ ସ୍ୱାଧୀନତା
ଅଳିଆ ଗଦାକୁ ଉଖାରିବାର
ହେଲେ ମୁଁ ଦେଇପାରିବି ନାହିଁ ଅଳିଆଗଦାରୁ
ଜରିଟିକେ କି ଜାମାଟିଏ କି ଫଳ ଟୁକୁରାଏ ପାଇବାର
ଅଧିକାର,
ପିଲେ ମୋତେ ଚାହଁନା ସେମିତି
ଆଶା କରନା ମୋ'ଠାରୁ କିଛି

ମୁଁ ସତସତିକା ଗାନ୍ଧି ବୋଲି କହନା ବି ଆଉ କାହାକୁ ।

ବୁଢ଼ା

ଓସ୍ତଗଛ ମୂଳରେ ଆମର ତିନିପୁରୁଷର
ଅସ୍ଥି ପୋତା ହୋଇଛି ପିଲେ
ତାକୁ ନିଦରୁ ଉଠାଇ କଲବଲ କରନା,
ସେ ଥାଉ ସେମିତି, ସେଇଠି ଶୋଇଥାଉ।
ବକଟେନାକୁ ବିଶ୍ୱାସ ଆମର
ଅଲୋଡ଼ା ଅଖୋଜା ଅପୂଜା
ପଡ଼ିଥାଉ ସେମିତି ପିଲେ
ଲାଗନା ତା ସାଙ୍ଗରେ।

ଏଲୋରର ଭିତ୍ତି ଚିତ୍ର

୧

ସେ ହାତୀର ଶୁଣ୍ଢ ନ ଥାଏ
ଭାଙ୍ଗିଯାଇଥାଏ ଅଧାରୁ,
ସେ ରାଜା ବି ବଡ଼ ହତଭାଗା
କଟିଯାଇଥାଏ ତାର ବାଁ ହାତ,
ଉଡ଼ିଯାଇଥାଏ ଫାଳେ ତାର ମୁକୁଟରୁ,
ଅଣ୍ଟାରେ ଲାଗିଥାଏ ଶିଉଳି,
ମୁହଁ ଦେଖି ଜାଣିହେଉ ନ ଥାଏ
ଇଏ ଜୟ କରି ଫେରିଲା ଯୁଦ୍ଧରୁ କି
ପଳାଇଯିବା ପାଇଁ ବାହାରିଚି ବନସ୍ତ।
ପ୍ରତି ଗୁମ୍ଫାର ଦ୍ୱାର ମୁହଁରେ ମୁଁ ପଚାରୁଚି :
ହେ ଅଦୃଷ୍ଟ ପୁନର୍ଜନ୍ମ ଅଛି କି
ପଥର ହୋଇଯାଇଥିବା ପୃଥିବୀର ଭାଗ୍ୟରେ ?

୨

ହାତୀ ଥାଏ, ଘୋଡ଼ା ଥାଏ
ରଥ ଥାଏ, ଧ୍ୱଜ ଥାଏ
ରାଜା ପ୍ରଜା, ସୈନ୍ୟସାମନ୍ତ
ନଟନଟୀ, ଭାଟ ଅପ୍ସରା
ନଦନଦୀଙ୍କ ବୃତ୍ତାନ୍ତ ଥାଏ,
ଗୋଟେ ସଂପୂର୍ଣ୍ଣ ରାଜ୍ୟ ସହିତ,

ରାଜ୍ୟ ଛାଡ଼ି ବାହାରିଯିବାର
ଗୋଟେ ରାସ୍ତା ବି ଥାଏ
ସେ ଗୁମ୍ଫାମାନଙ୍କ ଭିତରେ।

ହେଲେ କିଛିବି ଘଟେନି ସେଠି
ପରିବ୍ରାଜକଙ୍କ ଯିବାଆସିବା ଛଡ଼ା
ଆଉ କୌଣସି ଘଟଣା ଘଟେନି
ତୀର୍ଥଙ୍କରମାନଙ୍କର ଅଳ୍ପ ସମୟ ପାଇଁ
ଆଖି ଖୋଲିବା ଭିତରେ।

ଦିନେ ପୁଣି କଟିଯାଏ ହାତୀର ଶୁଣ୍ଢ
ଝଡ଼ିପଡ଼େ ଘୋଡ଼ାର ଲାଞ୍ଜ
ରଥର ଚକ ଭାଙ୍ଗେ, ଧ୍ୱଜ ଲୋଟେ ମାଟିରେ
ରାଜାର ମୁହଁ ଭୁଶୁଡ଼େ
ନିଶ୍ଚିନ୍ତ ହୋଇଯାନ୍ତି ପ୍ରଜା,
ନଟର ପାଦ ନ ଥାଏ, ନ ଥାଏ ନଟୀର କଟୀ
ନଦନଦୀ ବି ବାଟ ଭାଙ୍ଗି ପଳାଇଯାଆନ୍ତି ଶ୍ରାବଣରେ
ପାହାଡ଼ର ଆରପଟକୁ।

କିନ୍ତୁ ରାଜ୍ୟ ଛାଡ଼ି ବାହାରିଯିବାର ସେ ରାସ୍ତା
ଥାଏ ସେମିତି,
କାଳେ କିଏ ପଚାରିବ ଅନ୍ତତଃ ଫେରିବା ବାଟରେ :
ଆମେ ଫେରୁଚେ ଘରକୁ ନା ଏ ଯାଏଁ ଅଛେଁ ବନସ୍ତରେ ?

ସିତାରରେ ଦୁଇଟି ରାଗ

୧

ରାଗ ପଟଦୀପ୍‌ରେ କୋଉଠି ନା କୋଉଠି
ନିଶ୍ଚୟ ଅଛି ଗୋଟେ ପରାଜୟ,
କୋଉଠି ଗୋଟେ ମୁଁ ଦେଖିଚି ସେ ପରାଜୟକୁ
କୋଉଠି ଗୋଟେ।
ଯାବି ହୋଇପାରେ ଯେ ମୁଁ ତାକୁ
ଦେଖିଚାଲିଚି ନିରନ୍ତର ମୋର ସବୁ ବିଜୟରେ
ଏମିତିକି ମୋର ସାମାନ୍ୟତମ ସାର୍ଥକତାରେ
ମୋତେ ଦିଶିଚି ବହୁଦୂରର ସୋରାଏ ଧୂଆଁ
ସତେକି ଚକ୍ରବର୍ତ୍ତୀର ନଗରୀରେ ଲାଗିଯାଇଚି ନିଆଁ।

ସିତାରରେ ବାଜିଚାଲିଚି ରାଗ ପଟଦୀପ୍
ନୂଆ ଜିଣିଥିବା ରାଜ୍ୟର ରାଜଧାନୀରେ
ପହଞ୍ଚିଚି ବିଜୟୀ ରାଜା
ଅତର ଅବିର ଅକ୍ଷତ ନେଇ
ଠିଆ ହୋଇଛନ୍ତି ଧାଡ଼ିକି ଧାଡ଼ି
ପେଡ଼ିଲୁଗା ପିନ୍ଧି ପୁରନାରୀ
ଆଖିର ଲୁହ ଲୁଚାଇ ମଥାର ଓଢ଼ଣାରେ,
ସେମାନଙ୍କ ଅର୍ଘ୍ୟଥାଳିରେ ଅଛି କି ପରାଜୟ ?
ନା ଅଛି
ତୂରୀ ଭେରୀ ଶବ୍ଦରେ ନିଦ ଭାଙ୍ଗିଥିବା
ଭୋକିଲା ପିଲାଟିର ଯୋଡ଼ାଏ ଆତଙ୍କିତ ଆଖିରେ ?

୨
ରାଗ ଇମନ୍‌ରେ ଅଛି
ଧୀରେ ଧୀରେ ଭିତରକୁ ଆହୁରି ଭିତରକୁ
ଯିବାର ଗୋଟେ ବାଟ ନିଶ୍ଚୟ,
ନ ହେଲେ
ଶବ୍ଦର ଏ ସୁଡ଼ଙ୍ଗ ଖୋଲାଚାଲିଚି କାହିଁକି ?
କାହିଁକି ଗାଢ଼ରୁ ଗାଢ଼ତର ହେଉଚି ଅନ୍ଧାର ?
ବାଟ ଭୁଲିବାର ବି ଅନୁମତି ନାହିଁ କାହିଁକି ?

ହେ ଆମର ଯୁଗମାନଙ୍କର ନିର୍ମାତା
ଇତିହାସର ଲମ୍ବାଚୌଡ଼ା ରାସ୍ତାମାନଙ୍କରେ
ଭାଇବନ୍ଧୁ ନେଇ ଜାକଜମକରେ
ଘନ ବିଶୋୟୀ ଭଳି ଜଣେ କାହାର
ବାଟ ଚାଲିବାର ବ୍ୟବସ୍ଥା ନାହିଁ କାହିଁକି ?
କାହିଁକି ସେଠି କେବଳ ଗୋଟେ ମୋଟା ନିଶୁଆ ଲୋକ,
ଗୋଟେ ଘୋଡ଼ା ଓ ଦି'ଚାରିଜଣ ଲସ୍କରଙ୍କ ଛଡ଼ା

କେହି ଯାଇପାରିବେନି ଯେତେ କନ୍ଦାକଟା କଲେବି ?
କାହିଁକି ଆମର ଯାବତୀୟ ଦୁରାଗ୍ରହକୁ ଶାନ୍ତ କରିବା ପାଇଁ
ନୂଆ ନୂଆ ପାହାଡ଼ ଓ ଦୁଃସାଧ୍ୟ କଳ୍ପନାକୁ ବଶ କରିବା ପାଇଁ
ନୂଆ ନୂଆ ନଦୀମାନଙ୍କର ଆବିର୍ଭାବ
ଘଟି ନ ଚାଲିବ ଏ ପୃଥିବୀରେ ?

ଯଦି ବାଟ ଅଛି ଆହୁରି ଭିତରକୁ
ତେବେ ଥିବ ନିଶ୍ଚୟ
ରାଗ ଇମନ୍‌ରେ କୋଉଠି
ଅଧିକାର, ସବାଶେଷରେ ଆସି
ପହଞ୍ଚିଥିବା ଲୋକଟି ପାଇଁ
ତା' ପାଇଁ ବି ଥିବ ଜାଗା ସବାଶେଷ ଧାଡ଼ିରେ
ହେଉ ପଛେ ସେ ମଞ୍ଚଠାରୁ ବହୁଦୂରରେ
ନ ଦିଶୁ ପଛେ କଳାକାରର ହାତ ଚାଲିବା
ସିତାରରେ !

ଲୁଣ

ହଠାତ୍ ଦିନେ
ପଂଝେ ଗାଈଆଳ ଟୋକାଙ୍କର
ଗାଈ ଖୋଜି ଖୋଜି ପହଞ୍ଚିବା ବିଶ୍ୱକର୍ମାଙ୍କ ଘରେ
ଓ ତାଙ୍କୁ ଦେଖି ବିଶ୍ୱକର୍ମାଙ୍କର ଖୁବ୍ ହସିବା,

ମାଟି ଫାଟି ଆଁ କରିବାର ଗୋଟେ ଦୃଶ୍ୟରେ
ହଠାତ୍ ଜଳପରୀଙ୍କ ଆବିର୍ଭାବ ଘଟିବା
ଓ ଜଳପରୀଙ୍କୁ ପାଚିଲା କଦଳୀ ଧୂପକାଠି ଦେଇ
କୁହୁଡ଼ି ଗାଁର ଆବାଳବୃଦ୍ଧବନିତା ପୂଜା କରିବା,

ଏ ସବୁ ହାସ୍ୟାସ୍ପଦ ନୁହେଁ ସାହେବ
ଏ ସବୁ ଆମର ଗୌରବ
ଆଖିଦେଖା ଘଟଣାର ବର୍ଣ୍ଣନା
ଏମିତି କରାଯାଏ ଆମ ଦେଶରେ-

ଆମେ ବିଶ୍ୱାସ କରୁଁ ଯେ
କିଏ ଜଣେ ଗଢ଼ିଚି ଏ ସାରା ପୃଥିବୀକୁ,
ଜିଆ
କଜଳପାତି
ମେଘାସନ
ହାତୀ
ସବୁ ସେଇ ଗଢ଼ିଚି।

ତାର ଦୁନିଆ ଗଢ଼ନ୍ତା ରୂପକୁ ତ ଆମେ ଦେଖିନୁ
ହେଲେ ଆମକୁ ଲାଗିଚି
ହୋଇଥିବ ସେ ବଦରାଗୀ ଅନ୍ୟମନସ୍କ
ହୋଇଥିବ ବୁଢ଼ାଟିଏ, ଦାଢ଼ିଆଟିଏ
ନିବୁଜ ଘର ଭିତରେ ବସି ଆଙ୍କି ଚାଲିଥିବ ଛବି
ନ ହେଲେ ପଥରରୁ ଛେଲା ଛେଲା ଉତାରି ଶେଷରେ
ପହଞ୍ଚିବାକୁ ଚାହୁଁଥିବ ପଥରର ଆତ୍ମାରେ ଥିବା
ମୂର୍ତ୍ତି ପାଖରେ,
ସେ ମୂର୍ତ୍ତି ଗାଈଗୋଠରେ ହଜିଲା ଗାଈଟିଏ ବି ହୋଇପାରେ !

ଆମେ ବିଶ୍ୱାସ କରୁଁ ଯେ
ଜଳପରୀମାନେ ସତରେ ଥାଆନ୍ତି
ଅବଶ୍ୟ ସବୁ ଜଳାଶୟ ନଦୀ ବା ସାଗରରେ ନଥା'ନ୍ତି
ସେମାନେ ଆବିର୍ଭୂତ ହୁଅନ୍ତି ସନ୍ଧିକାଳମାନଙ୍କରେ
ଯେତେବେଳେ ସ୍ୱପ୍ନ ଦେଖିବା କମି ଆସେ ଲୋକଙ୍କର
ମରିଯାଲେ ଗୋଟାକ ପରେ ଗୋଟେ ଫସଲ
ଶୋଷରେ ବିକଳ ଆଖୁପାଟିରେ ଟୋପେ ପାଣି ନ ଦେଇପାରି
ବେକରେ ଦଉଡ଼ି ଦେଇଦିଏ
ଋଣରେ ବୁଡ଼ିଥିବା ଚାରି ପିଲାଙ୍କ ବାପ
ଯେତେବେଳେ କଳ୍ପନା ଛଡ଼ା
ଆଉ କୌଣସି ଲଙ୍ଗଳ ଆସେ ନାହିଁ କାମରେ ।
ସାହେବ ଏ ସବୁ ଗୁଣିଗାରେଡ଼ି
ଭୂତପ୍ରେତଙ୍କ କଥା ନୁହେଁ
ଏସବୁ ସତକଥା ବିଶ୍ୱାସ କର ।

ଇଏ ସତ ନ ହୋଇଥିଲେ
ଆମେ ଜୀଇଁଥାନ୍ତୁ କେମିତି ?
ସଭ୍ୟତା ଆସିବା ଆଗରୁ
ମଣିଷ ବା ଆସିଥାନ୍ତା କେମିତି
ହିମସାଗରରୁ ଦାନାଏ ଲୁଣ ନେଇ ଏ ଦ୍ୱୀପକୁ ?

ଅତିଶୟୋକ୍ତି

କହିବାମାନେ ଯାହା ସତ, କହିବା ତା'ଠାରୁ
ଟିକିଏ ବେଶି,
ନଚେତ୍ ଆପଣ କିଭଳି କହିପାରିବେ ଯେ
ଫାଉଡ଼ା ଧରି ଅରମା ସଫା କାମରେ ବ୍ୟସ୍ତ
ଗୋପୀଗାହାଣଙ୍କ ଘରେ ବାଜୁଚି ଯୁଗପତ୍
ସ୍ତ୍ରୀର ପାଟି ଓ ପଖାଉଜରେ ତ୍ରିତାଳ ?

ଆପଣ କିଭଳି ବା କହିପାରିବେ
ବିନା ଅତିଶୟୋକ୍ତିରେ ଯେ
ବୁଢ଼ା ହୋଇଯାଉଚି ବାରିରେ ଶାଗ ଓ
ଆକାଶରେ ତାରା, ଶୀଘ୍ର ତୋଳ ?

ଯାହା ଘଟୁଚି ତାକୁ କଥାରେ କହିବାର ମାନେ
ଗହାଣିକୁ ନାଁ ଦେବା,

ସୁରବାବୁଙ୍କ ବୁଢ଼ାଦିନେ ବାହାରିଥିବା
ପ୍ରଗଲ୍‌ଭତାକୁ କହିବା ଦେଶପ୍ରେମ
ପିଲାଙ୍କ ଗାଳିଗୁଲଜକୁ କହିବା ବିପ୍ଳବ
ଓ ଚନ୍ଦାମୁଣ୍ଡିଆ ନିଶାଖୋର ହାକିମକୁ କହିବା କାଳ।

ଆପଣ କାହିଁକି ପଡ଼ିଚନ୍ତି କବିଙ୍କ ପିଛା ?
ଏକେତ ଦୁର୍ଦ୍ଦିନ, ସେ ଥିଲେ ପୁଣି କବିତା
କହିବାକୁ କି ଶୁଣିବାକୁ ମିଳୁ ନାହିଁ ପଦୁଟିଏ ଯେତେବେଳେ
ଅତିଶୟୋକ୍ତିରେ କହିବାକୁ ଦିଅନ୍ତୁନା ମନକଥା।

ଶୁକ୍ଲାମ୍ବରଧର ବିଷ୍ଣୁ ଶଶିବର୍ଣ୍ଣ ଚତୁର୍ଭୁଜ - ଇଏ କଣ
ଅତିଶୟୋକ୍ତି ?
ଆପଣଙ୍କୁ ଦିଶିଯାଉଚି ଝକଝକ ଧଳା ଲୁଗା ପିନ୍ଧି
ଗୋରା ଲୋକଟିଏ ଠିଆ ହୋଇଚି,
ଗୋଟିଏ ହାତରେ ଧରିଚି ମିଠାପୁଡ଼ାଟିଏ
ଆର ହାତରେ ବାରଣ କରିଲାଗିଚି : ଥାଉ, ଥାଉ
ଆରେ ଗୋଡ଼ତଳେ ପଡ଼ନା, ନିଅ ଏ ମିଠା ଖାଅ
ନିମାପଡ଼ାର ଛେନା ତାଡ଼ିଆ,
ଶୋଇ ପଡ଼ିଲେଣି ପିଲେ ତ ନିଦରୁ ଉଠାଅ।

ବେଶ୍ ତାହାହିଁ ହେଉ, ଆପଣଙ୍କ କଥା ରହୁ
ବିନା ଅତିଶୟୋକ୍ତିରେ ଏଇତକ ହିଁ କୁହାଯାଉ।

କବିତା ଚୁଲିକୁ ଯାଉ
ବିଶ୍ୱାସ ବଞ୍ଚିରହୁ।

ଉତ୍ସବ

ବାପର ଫେରିବା ବାଟକୁ
ଚାହିଁବସିଥିବା ଏ ଅବୋଧ ପିଲାଏ
କେଜାଣି କେମିତି ଜାଣିଯାଆନ୍ତି ଯେ
ବାପାଟି ତାଙ୍କର
ନୁହେଁ ଦୁନିଆର ସବୁଠୁ ବଡ଼ ବୀର
ନୁହେଁ ସବୁଠୁ ବେଶି ବଳୁଆ କି
ନୁହେଁ ସମସ୍ତଙ୍କଠୁଁ ବେଶି ପାରିବାର।
ମୁହଁସଞ୍ଜରେ ତାଳବଣି ଟପି କିଆ ଗୋହିରିରେ
ପାଦ ଦେବାବେଳର ଏ ନହକା ଛାଇଖଣ୍ଡକ
ଯୁଝିପାରେନା
ଘୋଡ଼ା ଝପଟାଇ, ଖଣ୍ଡା ଉଞ୍ଚାଇ ଖେଦି ଯାଉଥିବା
ଭାଗ୍ୟ ସାଙ୍ଗରେ-
ସେମାନେ ଜାଣିଯାଆନ୍ତି
କେମିତି କେଜାଣି !
କେଜାଣି କେମିତି ଜାଣିଥାଆନ୍ତି ସେମାନେ

ଯେ
ତାର ରୂଢ଼ ସାଲୁବାଲୁ କଇଁଥାଗାଲକୁ
ଘଷୁ ଘଷୁ ସେମାନଙ୍କ ଗାଲରେ
କାନ୍ଦୁରା ବାପା ତାଙ୍କର
ବାହାର କରିପାରେ ନ ହାରିବାର ଧାପେ ନିଆଁ
ନ ଡରିବାର ବକଟେନାକୁ ବତି
ଜୀଇଁ ରହିବାର ଟିକି ଘିଅ ଦୀପଟିଏ
ସବୁ ଦୀପାବଳୀରେ।

ଗୁମୁଟି ଘରର ଏରୁଣ୍ଡି ଉପରେ
ଦୀପ ଥୋଇ ଦେଇ ହସି ହସି ପଚାରେ ମା'!
ଭୋକ ହେଲାଣି କିରେ?

ମା' ପିଠା? ଅଛି
ମା' ଖିରି? ଅଛି
ମା' ପୁରି? ଅଛି
ସେମାନେ ଚକାମୁଣ୍ଡି ମାରି ବସିପଡ଼ନ୍ତି ବାପା ସାଥିରେ
ସେଇ ଏକା ଥାଳିରେ।
ସେମାନଙ୍କର କୁନି କୁନି ହାତ ବଢ଼ାଇ
ସେମାନେ ବି ଖାଇଶିଖନ୍ତି ବାପଭଳି,
ଜାଣିଯାଆନ୍ତି ଆଉ ନ ମାଗି ଅଳପକୁ ଅଧିକ କରିବାର କଳା।

ସେଇଥିପାଇଁ
ସେଇଥିପାଇଁ
ଖାଲି ହେଲାଭଳି ଲାଗେ
ହେଲେ କେବେବି ଖାଲି ହୁଏନା
ଦୁନିଆର ସବୁଠୁ ବଡ଼ ଦାତାର ଦାନଶାଳା।

ନିମ ଗଛରେ କାଉ

ନିଜକୁ ମଣିଷ ବୋଲି କହି କହି
ମୁଁ ହରାଇସାରିଚି ସବୁତକ କାରଣ
ମଣିଷପଣର ।

ଉପଲକ୍ଷ କରି ବସାଇଦେଇଚି କାଉଟିଏ
ନିମ ଗଛରେ, ତାର କା' କା'
ମୋତେ ଆଶ୍ୱସ୍ତ କରେ ଯେ
ମୁଁ ମଣିଷ
ମୁଁ ଅଛି
ସଂସାର ମୋର ନିମଗଛ ତଳେ
ଚାଲିଚି ସୁରୁଖୁରୁରେ ।

ଅପଦାର୍ଥ ଅନାବନାରେ ବି
ଫୁଟି ମଉଳି ଯାଉଚି ଫୁଲ
ସହି ସହି ଶେଷରେ
ପିଠି ଦେଖେଇ ଦେଇଥିବା
ଜୀଅନ୍ତା ପିଜୁଳି ଡାହିରେ
ରାତାରାତି ଉଠୁଚି ଉଇ,
ଭାତ ଫୁଟିଲେ ମାଡୁଚି ଭୋକ
ସୁନ୍ଦରପଦାରେ ଖାସି କଟା ହେବାର କଳ୍ପନାରେ
ମୁଁ ସତକୁ ସତ ହୋଇଯାଉଚି ବିହ୍ୱଳ,
ବୋହିଲାବେଳେ ଝଡ଼ପବନ
ପିଲାଙ୍କୁ ଏକାଠି କରି ମା' କୋଳକୁ ବଢ଼େଇଦେଇ
କିଳିଦେଉଚି ଦୁଆର।

ମୋଟାମୋଟି ଭଲରେ ଚାଲିଚି ମୋର ସଂସାର।

ବାତ୍ୟାରେ
ବନ୍ୟାରେ
ମରୁଡ଼ିରେ
ବୋମା ମାଡ଼ରେ
ଅସଂଖ୍ୟ ଲୋକଙ୍କର ମରିବାର ଖବର
କଣ ପହଞ୍ଚେନି ମୋ' ପାଖରେ? ପହଞ୍ଚେହ।
ମୁଁ କଣ କାନ୍ଦିବା ପାଇଁ ଚାହେଁନା? ଚାହେଁ।

ହେଲେ, କାନ୍ଦିପାରେନା
କହିପାରେନା ନାରଖାର ହୋଇଗଲା ସଂସାର
କାହିଁକିନା
ନିମଗଛରେ ସବୁବେଳେ ଥାଏ କାଉ
କା' କା' ତାର ବନ୍ଦ ହୁଅନା କେବେ
କିଲ୍‌କାଲ୍ ହୋଇ ଖେଳଥାନ୍ତି ପିଲାଏ
ତିନି ପିଲାଙ୍କ ମା' ମୋ ସ୍ତ୍ରୀ ପୁଣିଥରେ ଗର୍ଭବତୀ ହୁଏ।

ସତ କହିଲେ
ମୁଁ କାନ୍ଦିପାରେନା।
କାରଣ କାନ୍ଦିବାର କାରଣ ନ ଥାଏ।

ହେ କାରଣ ନ ଥାଇ କାନ୍ଦିବାର
ମଣିଷପଣ ମୋର
ଦିନେ କେବେ ଫେରିବତ ମୋ ପାଖକୁ
ମୁଁ ଅନ୍ତତଃ ଥରେ କାନ୍ଦିବି
ବିନା କାରଣରେ

ହସିବତ ହସୁ ସଂସାର ମୋର ମୂର୍ଖତାରେ।

ମୋକ୍ଷ

ଆଖିବୁଜି ପଡ଼ିଚନ୍ତି ନୁରି ତିଆଡ଼ି
କଫ ଘଡ଼ଘଡ଼ ତଣ୍ଟି ପାଖରେ
ନିଶ୍ୱାସ ଖର
ଛାତି ଉଠୁଚି ପଡୁଚି, ବେଳ ଆଖର।

ତିଆଡ଼ିଏ ଛାଡ଼ି ଏଥର ପୁରୁଣା ଲୁଗା
ନିଅ ଏ ନୂଆ ଲୁଗାଖଣ୍ଡକ
ପିନ୍ଧି ପକାଅ ଶୀଘ୍ର ଶୀଘ୍ର
କିଏ ଜଣେ କହୁଚି କାନ ପାଖରେ ତୁହାକୁ ତୁହା।

କିଏ ? ଭଲକରି ଦିଶୁନି,
ସାବନା ରଙ୍ଗର ଛାଟିଦେଲା ପରି ଚେହେରା
ଟୋକାଟିଏ ହେବ ପରା !
କିରେ କୁଷ୍ଟଁ କିରେ ?
ଆଖି ଖୋଲି ରହିଁଲେ ନୁରି ତିଆଡ଼ି
କହିଲେ :
କି ନୂଆରେ ବାପ, ପୁରୁଣାଟି ହିଁ ସାର
ତାକୁଇ ଧରିଚି ଜବର କରି,
ଛାଡ଼ିବି କାଇଁକି ? କି ସୁଖ ମିଳିବ ନୂଆପିନ୍ଧାରୁ ?
କୋଉ ଶୁଆପଲ ବା ଜାଣିବେ ଯେ

ନୂଆ ପିନ୍ଧିଚି ପାଳଭୂତ ମକା କ୍ଷେତରେ ?
ପୁରୁଣା ହିଁ ସାଜେ ପାଳଭୂତକୁ
ସେଇ ଛିଣ୍ଡା ନେକଡ଼ା ହିଁ ଯାଏ
ଟିଣ ଢାଉଁ ଢାଉଁ ଚଢ଼େଇହୁରୁଡ଼ା ବାଜା ସାଙ୍ଗରେ ।

ଦେ' ମାରିଦେ' ଠାକେ ଠାକେ ସିଲେଇ
ଦାଗ ଖୁଞ୍ଚ ଯେତେ ଥାଉ ପରୁଆ ନାଇଁ ।
ଯା' ଫେରେଇ ଦେ' ସେ ନୂଆ ଲୁଗାଖଣ୍ଡକ
ଗୋସେଇଁଙ୍କୁ କହିବୁ :
ତିଆଡ଼ିଏ କହିଲେ
ରଖ ତମର ନୂଆ ଲୁଗା ହଲେଇ
ନାକ ପାଖରେ ଛଳେଇବାର,
ପୁରୁଣାକୁ ନୂଆ କରି ଭଳେଇବାର ଚତର ।

କହିବୁ : ତିଆଡ଼ିଏ କହିଲେ
ସେହି ପୁରୁଣା ପିନ୍ଧି ସେ ଯିବେ ବେଳ ଆସିଲେ
ଯେମିତି ଯାଏ କ୍ଷେତରୁ ପାଳଭୂତ
ଫସଲ କଟା ସଇଲେ
ପୁରୁଣାରୁ ପୁରୁଣା ହୋଇ
କେନା କେନା ହୋଇ
ସୋରା ସୋରା ହୋଇ
ପାରୁ ପାରୁ ହୋଇ
ସେ ନୂଆ ଲୁଗା ଲୋଡ଼ା ନାହିଁ, ଲୋଡ଼ା ନାହିଁ, ଲୋଡ଼ା ନାହିଁ ।

ଟୋକାଟି ତାର ରଙ୍ଗ ପାପୁଲଟି ନେଇ ଥୋଇଦେଲା ଆସ୍ତେ
ନୁରି ତିଆଡ଼ିଙ୍କ କପାଳ ଉପରେ ।
ନୂଆ ଲୁଗା ଖଣ୍ଡେ ଘୋଡ଼େଇ ଦେଲେ ସେମାନେ
ନୁରି ତିଆଡ଼ିଙ୍କ ଦେହ ଉପରେ ।

ସେ ଲୁଗାଖଣ୍ଡକ ଦିଶୁଥିଲା ସତରେ ସାତ ପୁରୁଣା ସେତେବେଳେ ।

କବିତା ବିରୁଦ୍ଧରେ କବିତା

ଆମେ କେବଳ କବିତାର ବିରୋଧ କରିପାରୁ
କବିତାରେ,
ପ୍ରକୃତରେ କବିତାକୁ ନେଇ ଆମର ସବୁ ତକରାଳ ପଛରେ
ଥାଏ ଏମିତି ଗୋଟେ ବୁଝାମଣା କବି ସଂପ୍ରଦାୟରେ।
ସେଇଥିପାଇଁ
କବିତା ଲେଖନ୍ତି ନାହିଁ ଭଦ୍ରଲୋକ, ତେଜରାତି ଦୋକାନୀ ବା
ପୋଲ କଣ୍ଟ୍ରାକ୍ଟର,
ସେଇଥିପାଇଁ କବିତାର ଶବ୍ଦଗଣ
ଗଣା ହୁଅନ୍ତି ନାହିଁ ଧନରତ୍ନରେ।
ଧାଡ଼ିଏ ଦି'ଧାଡ଼ି କେବେ କେମିତି
ଆପ୍ତବାକ୍ୟ ହୋଇ ରହିଯାଆନ୍ତି
କାହା କାହା ଜମା ଖାତାରେ,
ସେଥିପାଇଁ ଦଣ୍ଡ ବି ମିଳେ।
ରଙ୍ଗନାଥ ରହିପାରେନି ପୁଲିସ୍‌ରେ
କପିଳାସ ପଳାଇଯାଏ ଅମିତାଭ
ଡେରି ରାତିରେ ପୋଷେ ଖୁଦ ଚାଉଳ ଓ
କେରାଏ ଶାଗ ନେଇ ପହଞ୍ଚେ ଦୀନବନ୍ଧୁ,
ସେତେବେଳକୁ ପିଲାମାନେ ଶୋଇସାରିଥାନ୍ତି
ଉପାସରେ।

କବିତାର ବିବିଧ କିମ୍ବଦନ୍ତୀଙ୍କ କଥା
କହିଲେ ନ ସରେ,
ହେଲେ ସେଥିରେ କ୍ୱଚିତ୍ ଥାଏ
ବାକ୍ୟର ନିର୍ମାଣବେଳେ କରଚୁଲିର ପ୍ରସଙ୍ଗ
କ୍ୱଚିତ୍ ଥାଏ ରଥଙ୍କ ନଡ଼ିଆବାରିରେ
ଭୂତକେଳିର ଗୁଜବ, ଅଗ୍ନେନକ ବନ୍ଧ ବଗିରେ
ଜୀଅନ୍ତା ଜଳିଯିବାର ବର୍ଣ୍ଣନା।

ସେଥିରେ ଥାଆନ୍ତି ଅସଂଖ୍ୟ
ହଂସ
ମେଘ
ଓ ଦମୟନ୍ତୀ
ଯଥାକ୍ରମେ ସ୍ୱପ୍ନ, ବିଷାଦ ଓ ସଂସ୍କାରର
ପ୍ରତୀକ ହୋଇ ଚିରକାଳ।

ସ୍ୱପ୍ନ, ବିଷାଦ ଓ ସଂସ୍କାରକୁ ନେଇ
ଗଢ଼ା ହୋଇଥିବା ଆମ କବିତାର
ହାସ୍ୟାସ୍ପଦ କିମ୍ବଦନ୍ତୀଙ୍କୁ ଧରି
ଆମେ ଶୁଣାଉ ପରସ୍ପରକୁ
ଆମର ନୂଆ ରଚନା,

ବ୍ୟଥା ଥାଏ ସେଥିରେ
ଥାଏ ପ୍ରବଞ୍ଚନା
ଦି' ଗ୍ଚରିଜଣ ପ୍ରାଚୀନ କବିଙ୍କ
ଆତ୍ମାକୁ ଏଯାଏଁ ଜଗି ବସିଥିବା
କୋଉ ଗୋଟେ ଗଛମୂଳ ବି ଥାଏ ସେଥିରେ
ଥାଏ ବଢ଼ି ପରର ନଈକୂଳ
କାଦୁଅ ପଚପଚ ଗହୀର
ଜଳିଯାଇଥିବା ତୋଟା
ମୟୂରଚୂଳ।

ଆରମ୍ଭ ହୁଏ ପୁଣି ଗୋଟେ କିମ୍ବଦନ୍ତୀ
କେବେହେଲେ ବି କବିତା ପଢ଼ି ନଥିବା କି ଶୁଣି ନଥିବା
ଲୋକେ ଜାଣନ୍ତି ଶବ୍ଦର ସଁ ସଁ ରୁ ଯେ
ଆଉ ଅଳ୍ପ ସମୟ ପରେ ଉଲୁସିବ ଋଉଳ
ନିଜ ନିଜର ମୁଠେ ଭାତ ନେଇ ପଂଝେ ପାଗଳ
ପହଞ୍ଚିଯିବେ ନିଜ ନିଜର ଘରେ।

ଘରେ ସେହି ହସଖୁସି, ଖିଆପିଆ, ଫନ୍ଦିଫିକର
ପିଲା ଜନ୍ମ ପାଇଁ ବାପଘର ଯାଇଥିବା ସ୍ତ୍ରୀ
କଣ୍ଟାଝଣ୍ଟାରେ ବି କେନା ମେଲାଇ
ଏ ପଟକୁ ଉଠୁଥିବା ପଡ଼ିଶା ଘରର କଖାରୁଲଟା
କାନ୍ଥ ଫଟାଇ ଭିତରକୁ ପଶୁଥିବା ଧାତୁରା
ବାପ ଆଖିର ପରଳ
ଜମି ବିକା, ପିତଳ ବଦଳ-

ଓ ଏସବୁ ଭିତରେ
କବିତାର ବିରୁଦ୍ଧରେ ଲେଖା ହୋଇ ଋଲିଥିବା
ଆମର ଅସଂଖ୍ୟ କବିତା
ହଂସକୁ ନେଇ
ମେଘକୁ ନେଇ
ଦମୟନ୍ତୀକୁ ନେଇ।

ଜନ୍ମାଷ୍ଟମୀ

ଆପଣ ଯଦି କବି
ତେବେ କାହିଁକି ଜାଣିପାରୁ ନାହାନ୍ତି
ଆମ ମନକଥା ?-
ହଜାରେ ପଚ୍ଚରିଲେ ବି ଆପଣଙ୍କ ପାଟି ଫିଟୁନି
କହିବାପାଇଁ : ଆରେ ସଇତା
ଅଷ୍ଟମ ଗର୍ଭରେ ଜନ୍ମ ହେବେ କଂସାରି
ଦିନ ଗଣୁଥା ।

ଭବିଷ୍ୟବାଣୀ ଯଦି ନାହିଁ ଆପଣଙ୍କ କବିତାରେ
ଯଦି ଆମେ କିଛି ନ ହେଲେ ବି ଅତି କମ୍‌ରେ
ଛଉଛଉକା ବାଛୁରୀଟିଏ ଜନ୍ମ ହେବାର
ଭରସା ନ ପାଉଁ ଆପଣଙ୍କ କବିତାରୁ,
ତେବେ କାହିଁକି ଆପଣ ବୋଲାଇବେ କବି
କାହିଁକି ବା ଆମେ ହାଟବାଟ, ଘରବାସ ଛାଡ଼ି
ପଢ଼ିବୁଁ ଆପଣଙ୍କ କବିତା !

ସାତପ୍ରାଣୀ ଆମେ
କୌଣସିମତେ ଚଳିଯାଉଚୁ
କଷ୍ଟ ଅଭାବ ବାଧୁଚି
ହେଲେ ସବୁ ଛାଡ଼ିଛୁଡ଼ି ପଳେଇଚୁ କି ବଣକୁ ?
କହିଚୁକି କେବେ ଅନ୍ଧାର ଛଡ଼ା
କିଛି ନାହିଁ ଦୁନିଆରେ ?
କହିଚୁକି ଆମେ ଏକୁଟିଆ ହୋଇ ରହିଚୁ
ନିଜ ନିଜ ଭିତରେ ?
ଲୋକ ଶହେ ଦେଢ଼ଶ' ଏ ସରଦେଇପୁର ଗାଁରେ
ପକ୍କାଘର ଯୋଡ଼ିଏ ବାକି ସବୁ ମାଟିର, ଛଣ ଛପର
ସରୁଆ ଗାଁ ଦାଣ୍ଡ, ଉଁଚ ପିଣ୍ଡା
ଗଛ ଗହଳରେ ଲୁଚି ଯାଉଥିବା କଜଳଲିପା ହରକାଳିକା
ଆଖଡ଼ାଘର, ମଶାଣି ଓ ସବୁ ଭିତରେ
ଛପିଛପିକା ଲୋଡ଼ିବା ଆମର-
ପୁନେଇଁ ଜହ୍ନର ଲେଉଟିବା
ସୁଅ ଫିଟିବା ବଢ଼ିପାଣିର ଗାଁ ଦାଣ୍ଡରେ
ଆରବର୍ଷ ପାଇଁ ଧାନର ଖଣି ପଡ଼ିବା
ମାଡ଼ ଖାଇ ଫେରିଥିବା ଟୋକାଦଳଙ୍କର
ପୁଣିଥରେ ଅଣ୍ଟାଭିଡ଼ି ଉଠିବା
ଇଆରି ଭିତରେ ପଡ଼ିଉଠି ଯାଏ ଆମର ଦିନ
କେତେ ଅପେକ୍ଷା ଥାଏ ସେଥିରେ
କେତେ ଆଶା,

କାହିଁକି ଆପଣ ଜାଣୁ ନାହାନ୍ତି
କାହିଁକି ଆପଣ କହିପାରୁ ନାହାନ୍ତି
ସକାଳୁ ସକାଳୁ କାନ ଅତଡ଼ା ପକାଉଥିବା
କଇଥ ଗଛର ଅଗି ଡାଳରେ
ସିଏ କିଏ ବଇଚି ?
କାହିଁକି ଆମର ଗୋସବାପର ଅସ୍ଥି ପୋତା ହୋଇଥିବା
ମାଟି ଅରାକରେ ଲହଲହ ହୋଇ ଉଠିଛି ଏତେ ଘାସ ?

କାହିଁକି ଏଯାଏ ବିଲରୁ ଫେରିନି
ସାନଭାଇ ?
ଏଯାଏଁ କାହିଁକି ଭାତ ରନ୍ଧା ହୋଇନି ଘରେ ?

ଆପଣ ଯଦି କବି
ତେବେ କହୁ ନାହାନ୍ତି କାହିଁକି
କଣ ସବୁ ଲେଖା ଅଛି ଆମ ଭାଗ୍ୟରେ ?

ଭଲ ଭଲ କଥା କୁହନ୍ତୁ
ଦୂରକୁ ଚାହିଁଦେଇ ଥରେ କହିଦିଅନ୍ତୁ
ଏସନ ଆମ୍ବ ଫଳିବ ବେଶି
ଆଖୁ ହେବ ବେଶି ମିଠା
ପାହାଡ଼ କାଟି ରାସ୍ତା ପଡ଼ିବ ନାଚୁଣି ଯାଏଁ
ଫେରିଆସିବେ କୁଆ କୋଇଲି କୁମ୍ଭାଟୁଆ
ସେମାନଙ୍କ ଖାଲି କୋରଡ଼କୁ !

ଏଇ ଯୋଉ ଦୁଃଖ କଥା ଗୁଡ଼ା
ଲେଖି ଚାଲିଚନ୍ତି ଆପଣ
ଅଛିକି ସେଥିରେ ସୁଖ ଫେରିବାର
ଏତିକି ଟିକିଏ ଆଶ୍ୱାସନା ?
କବି ପରା ଆପଣ-
ଦୁଃଖକୁ ଅଟକେଇ ଦେଇପାରିବେନି ଆଉ ଘଡ଼ିଏ
ମା'ଛେଉଣ୍ଡ ପିଲାଟି ମୋର ଆଙ୍ଗୁଠି ଚୁଚୁମି ଚୁଚୁମି
ଶୋଇପଡ଼ିଲାଯାଏ !

ମୁଁ ଆଉ କଣ କହିବି ସତ୍ୟାନନ୍ଦ
ତମେ କଣ ନିଜେ ଜାଣନା ଯେ
ଦି ଚାରି ବର୍ଷରେ ତିଆରି ହୁଏ କବିଟିଏ ଶବ୍ଦରୁ
ହେଲେ ହଜାର ହଜାର ବର୍ଷ ଲାଗିଯାଏ ପୃଥିବୀକୁ
ଗଢ଼ିବାପାଇଁ ସାଧାରଣ ସଇତାଟିଏ ମାଟିରୁ ?

ମୁଁ କବିତା ଲେଖୁଚି
କାରଣ ମୁଁ ଗୁଡ଼ାଏ ମୂକ ବଧୀର ଶବ୍ଦଙ୍କୁ ଆଣି
ଠିଆ କରାଇଚି ମୋର ଅମଣିଷପଣର ସାକ୍ଷୀ କରି,
ଦୁଃଖ କଥା ଲେଖୁଚି କାରଣ
ଦୁଃଖ ଦିଶୁଚି ସବୁଠୁ ବେଶି ସହଜ
ତାକୁ ଅଟକାଇବା ମୋ ଶକ୍ତି ବାହାରେ
କାରଣ ତମର ସେ ମା' ଛେଉଣ୍ଡ ପିଲାଟିର ଆଖିର
ସୁନ୍ଦର ନିଦଟିଏ ବି ଦେବାର ସାମର୍ଥ୍ୟ ନାହିଁ ମୋ କବିତାରେ ।
ମୋତେ କବି ବୋଲି ଡାକନା ସତ୍ୟାନନ୍ଦ
ମୁଁ ଡରିଯାଉଚି ସେ ଡାକରେ ।

ଅଷ୍ଟମ ଗର୍ଭରେ ଜନ୍ମ ହେବେ କଂସାର
ନିଶ୍ଚୟ ଜନ୍ମ ହେବେ,
ହେଲେ କବିତାରେ ନୁହେଁ
ସେ ଜନ୍ମ ହେବେ ତମ ସରଦେଇପୁରର
ବନ୍ଦୀଶାଳାରେ
ଶୋଇଥିବେ ପ୍ରହରୀ
ରଣଝଣ ହୋଇ ଛିଡ଼ିପଡ଼ିବ ଶିକୁଳି ।

ଏସବୁ ଘଟିବ, ନିଶ୍ଚୟ ଘଟିବ ଦିନେ
ସେତେବେଳେ ମୋର କବିତାମାନେ
ଠିଆ ହୋଇଥିବେ ଦୋଷୀ ହୋଇ
ସରଦେଇପୁର ଗାଁ ବାହାରେ
ସାକ୍ଷୀ ନ ହୋଇପାରି ସେ ସତ୍ୟ ଘଟଣାର !

ମୁହଁସଞ୍ଜ

ଭଲପାଇବା ପଡ଼ିଯାଏ ଅଭ୍ୟାସରେ
ସୁନ୍ଦରକୁ କହିହୁଏନି ସୁନ୍ଦର
ଭଲକୁ ବି କହିହୁଏନି ଭଲ
ଯୋଡ଼ିହୋଇ ଏକାକାର ହୋଇଯାଏ ଲୋକଟା
ଭଲ ଖରାପ ସୁନ୍ଦର ଅସୁନ୍ଦର ସବୁଥିରେ।
ସବୁ ପଡ଼ିଯାଏ ଅଭ୍ୟାସରେ।

ପାଖରେ ଶୋଇଥାଏ ଜହ୍ନଆଲୁଅ, ସେ ଜାଣିପାରେନି।
ପାରାପେଟ୍ ଉପରେ ଆକାଶ
ବର୍ଷି ଦେଇଯାଏ ଗ୍ରହ ତାରା ନିହାରୀକାର ରତ୍ନଧୂଳି
ସେ ଜାଣିପାରେନି।

ଭାବେ, ଠିକ୍ ଅଛି ତ ସବୁ
ଯାହା ହବା କଥା ହୋଇଚାଲିଚି
ଖଟର ଗୋଟେପଟେ ଆଲୁଅ, ଠିକ୍।
ଛାତ ଉପରେ ଝରଝର ହୋଇ
ଝରିଚାଲିଛି କ'ଣ ଗୁଡ଼ାଏ ଧରି ହଉନି, ସିଏ ବି ଠିକ୍।
ଯାହା ହବା କଥା ହୋଇଚାଲିଛି
ମିଳିଛି ଯାହା ମିଳିବା କଥା
ଧନଜନ ଗୋପଲକ୍ଷ୍ମୀ ଆୟୁଷ ଅଳିଆ
ପାଚିଲା ଧାନକ୍ଷେତରେ ପର ଝାଡ଼ିଦେଇ
ଉଡ଼ିଯାଇଥିବା ଗେଣ୍ଡାଳିଆ-
ସବୁ ତ ସେଇଆ ଯାହା ଯେମିତି
ସେଇ ଦେଖାକଥା
ଅଛି କୋଉଠି ନୂଆ ?

ସୁନ୍ଦରକୁ କାହିଁକି କହିପାରିନ ସୁନ୍ଦର ?
ଭଲକୁ ବା କାହିଁକି କହିପାରିନ ଭଲ ?
ଆଉଥରେ କୁହ ସୁନ୍ଦରକୁ ସୁନ୍ଦର ବୋଲି
ଆଉଥରେ କୁହ ଭଲକୁ ଭଲ
ସେଇତ ନୂଆ ! -
ବାଟ ଚାଲୁ ଚାଲୁ ହାତରୁ ହାତ ଖସେଇ ନିଏ ସ୍ତ୍ରୀଟି
ଏତିକି କହି। ଲୋକଟା ବଲବଲ କରି ଚାହେଁ ସ୍ତ୍ରୀ ମୁହଁକୁ
କେବେ ମୁହଁସଂଜର ଆଲୁଅରେ ତ କେବେ ମୁହଁସଞ୍ଜର
ଅନ୍ଧାରରେ

କଟକର ବାକିଖାତା

କାହିଁ କେବର କଥା–
ଆପଣ ସେତେବେଳେ ଖ୍ରୀଷ୍ଟ କଲେଜରେ
ଆଉ ମୁଁ ନୂଆ ଆରମ୍ଭ କରିଥାଏ
ଚାହାଦୋକାନ ବିଲିମୋରିଆ ମୋଡ଼ରେ।

ଏବେ ଆପଣ ବଡ଼ ହାକିମ
ଆଉ ଯୋଉଠିକି ସେଇଠି ମୁଁ
ସେଇ ଚାହା ଦୋକାନରେ।
ଆପଣଙ୍କ ମୁହଁଟି ଶୁଖିଲା
ଦେହଟି କାଇଲା,
ବାହାରି ପଡ଼ିଚି ପେଟଟିଏ,
ମୁଁ ହେଲିଣି ଆହୁରି ମୋଟା
ଆହୁରି ଭୁଷୁଣ୍ଡା
ପଡ଼ିସାଇଲାଣି ଦାନ୍ତ ଗଣ୍ଡାଏ।

ଆଜି ଏତେଦିନ ପରେ
ଆପଣ ମୋତେ ଖୋଜି ବାହାର କଲେ
ଖଟ୍‌ବିନ୍‌ସାହିରୁ
କହିଲେ: କୁଶ, ଏଇ ନେ ଟଙ୍କା ହଜାରେ
ବାକି ଶୁଝିଲା, ବଳକା ହେଲେ ରଖିନବୁ ଖୁସିରେ।

ହଜୁରେ, ଆପଣ କ'ଣ ଜାଣନ୍ତି
କେତେ ଲେଖାଅଛି ବାକି ଖାତାରେ?
କିଛି ଲେଖାନାଇଁ ଆପଣଙ୍କ ନାଁରେ-
ସାରାଦୁନିଆ ବାକି ପଡ଼ିଚି ଯେତେବେଳେ କବି ନାଁରେ
ମୁଁ ଏ ଦି'ଘରି ଶହର ହିସାବ ଲେଖିଥା'ନ୍ତି କୋଉ ସାହସରେ?

ସତରେ ବାକି ଶୁଝିବେ ଯଦି
ଆସନ୍ତୁ ସେମିତି ଆଗଭଳି ବେପରୱା, ବେଲଗାମ୍
ପବନରେ ଫୁର୍‌ଫୁର୍ ନୁଖୁରାବାଳ
ଗାଲରେ ସପ୍ତାହକର ଦାଢ଼ି
ପାଦର ଛିଣ୍ଡାଚଟିକୁ ଜାମାର ବୋତାମ ଛିଣ୍ଡା
ହେଲେ ଆଖି ଦି'ଟା ଧକ୍‌ଧକ୍
ରଡ଼ଭଳି ଆଁଚରେ।

ଅସନ୍ତୁ ଆଗଭଳି
ଝଡ଼ରେ ଉଡ଼ି
ବର୍ଷାରେ ଭିଜି
ଖରାରେ ସିଝି
ଧମ୍ କିନା ଆସି ବସନ୍ତୁ ଟିଣଚଉକିରେ
ଖୋଲନ୍ତୁ ଘରିଚଉତ କାଗଜର ଭାଂଗ,
ରାତିରାତି ଶୋଇନଥିବା ସେ କସରା ଆଖିଯୋଡ଼ିକ ଉଠାଇ
ଡାକନ୍ତୁ: କୁଶ, ଶୁଣ୍।

ତା'ପରେ ନାଛିଦିଅନ୍ତୁ ଗୋଟେ କବିତା

ଥରିଯାଉ ମୋର ମଂଜ
ଏକାଥରକେ ଯାଉ ମିଶିଯାଉ ମାଟିରେ
ମୋର ଦୋକାନ ଛାଡ଼ି ଠିକାଦାର ହବାର ସ୍ୱପ୍ନ।
ମୁଁ ପୁଣି କେଟ୍‌ଲି ଥୁଏଁ ଚୁଲିରେ।

ଆପଣ ପାରିବେ ନାଇଁ-
ଚଉକିରେ ବସି ଜାରି କରିପାରିବେ ଆଦେଶ
କଟକର ବାକି ଶୁଝିବାପାଇଁ
ଫିଙ୍ଗି ଦେଇପାରିବେ କୁଶ ମୁହଁକୁ ହଜାରେ ପାଁଶ
ହେଲେ ସେ ଆଖି କାଇଁ।
ସେ ଗୁଳି ଭଳି ସାଏଁ ସାଏଁ ଶବ୍ଦ କାଇଁ?
ସେ ବାଟୁଳି ମାର୍ଗେ ଚାଲୁଥିବା ପାଟି କାଇଁ?

ହଜୁରେ, ଆପଣଙ୍କର କବିତା ଲେଖାଚାଲିଚି
ମୋର ବି କବିତା ପଢ଼ାଚାଲିଚି।
ଆମେ ଦିହେଁ କବିତାକୁ ଛାଡ଼ିନେ
ହେଲେ ଆଜ୍ଞା କବିତା ଆମକୁ
ଛାଡ଼ି ପଳେଇଲାଣି କେବଠୁ।

ଆପଣ ସେଇ ଗୋଟିଏ ପରାସ ଜାଗା ଉପରେ
ଆଙ୍ଗୁଠି ରଖି ବଜାଇ ଚାଲିଛନ୍ତି ସା-ରେ-ଗା
ଆଉ ମୁଁ ସେଇ ଗୋଟିଏ ଲୟରେ କାନମେଲେଇ
ଶୁଣିଚାଲିଚି ସା-ରେ-ଗା।
ଆପଣଙ୍କର ଆଉ କିଛି କହିବାର ନାହିଁ
କି ମୋ'ର ଆଉ କିଛି ଶୁଣିବାର ନାହିଁ।
ଯା'ନ୍ତୁ ହଜୁରେ ଯା'ନ୍ତୁ
ଏ ଦୁନିଆରେ କିଛି ବାକି ନାଇଁ ଆପଣଙ୍କ ଉପରେ
କୁଶର ବି ନାହିଁ।

ଆଲେକ୍‌ଜାଣ୍ଡାରଙ୍କ ଘୋଡ଼ା

ଆଲେକ୍‌ଜାଣ୍ଡାରଙ୍କ ଘୋଡ଼ାର
ଶିଂଗ ଥିବା ବିଚିତ୍ର ନୁହେଁ।
ଥାଇପାରେ, ଯେମିତି ଥାଏ
ସବୁ କଳ୍ପନାର ସାଗରରେ ଗୋଟେ କେହି ନଥିବା ଟାପୁ,
ଯେମିତି ସବୁ ଟାପୁରେ ଥାଏ
କୋଉନା କୋଉ ସିନ୍ଦ୍‌ବାଦ୍‌ର ବାଲି।

ପିତୁଳା-ଦହନ

ପୋଡ଼ିଲାବେଳେ ପିତୁଳା
ମନେରଖିବ ଯେ
ପୂରାପୂରି କେବେ ପୋଡ଼ିଯାଏନି ଇତିହାସ
କିଛି ରହେ, ଯେମିତି ଉଡ଼ିପାରୁଥିବା ପାଉଁଶ ।

ସଂଶୟ

ଜଣେ ଆରଜଣକୁ ଖୋଜିପାଇବାର
ଅସଂଖ୍ୟ ସୁଯୋଗ ଥାଏ ସଂଶୟରେ
ତାକୁ ନଷ୍ଟ କରିଦିଅନା ବିଶ୍ୱାସରେ।

ଯୁଦ୍ଧ

ଯୁଦ୍ଧରେ କିଛି ନଷ୍ଟ ହୁଏନି
ନଷ୍ଟ ହୁଏ କେବଳ ବ୍ୟୂହରଚନାର କଳା।

କାଳ

ଯାହା ଦିଶେନି
ଅଥଚ ଯାହାକୁ ନେଇ
ଗଂଗା ବାହାରେ ଗଂଗୋତ୍ରୀରୁ,
ଯାହାକୁ ନେଇ ବାହାରେ
ପିଥୋରାଗଡ଼ର ଧ୍ୱଂସସ୍ତୂପରୁ
ପାସ୍‌ପୋର୍ଟ, ପାନିଆ ଓ ଶୁଖିଲା ନଈର ଦସ୍ତାବେଜ୍।

କବି

ସାରା ଦୁନିଆ ପଥର ହେଲାବେଳେ
ପଥର ନହୋଇ ରହିବ ଏକା କବି,
ମଣିଷ ଛଡ଼ା ଯାହା ବି ହବାକୁ ରହିଁବ ମଣିଷ,
ସେଥିପାଇଁ ଲୋଡ଼ାହବ ସମ୍ମତି, ଜଣେ କବିର।

ଜୟଦେବ

ଏଇଆ ହୁଏ
ପଦ୍ମାବତୀ ରୋଷେଇଘରେ,
ଜୟଦେବ ଗାଧୁଆଘରେ,
ପଦ ପୂରିନଥିବା ଗୋଟେ କବିତା
ରୁଲ୍‌ପକା ଖାତାରେ, ସମସ୍ତଙ୍କ ଅଗୋଚରରେ
ମିଶିଯିବାକୁ ବସିଥାଏ, ବର୍ଷିନପାରି
ପଲେ ଧଳାବଗଙ୍କ ଡେଣାରେ
ଟଣାହୋଇ ଯାଉଥିବା କଳାମେଘ ଜାଲରେ,
ପୂର୍ବରୁ ଏକାଠି ଛଟପଟ ହେଉଥିବା ଅସଂଖ୍ୟ
ଅସମାପ୍ତ ପଦରେ।

ଏଇ ସମୟରେ ପହଞ୍ଚେ ସେ ଆଉ ଜୟଦେବ
ହସି ହସି କହେ: ମୁଁ ଆଉ ଗାଧୋଇଲି କୋଉଠି,
ଖୋଲି ଦେଇଚି ଟ୍ୟାପ୍ ତ ମନେପଡ଼ିଲା କବିତା
ଦେଲ ଦେଲ ପଦ୍ମା, କୁନାର ସେ ରୁଲ୍‌ପକା
ଖାତାଖଣ୍ଡକ ଦେଲ, ଟୋକାର ଅଙ୍କ କଷୁ କଷୁ
ଲେଖିଦେଇଥିଲି ଦି'ପଦ, ତା'ର ଆଗକୁ ଅଛି
ଯୋଉ ଶେଷପଦକ, ତାକୁ ଲେଖିଦିଏଁ ଭୁଲିଯିବା ଆଗରୁ!

ବା ହୁଏତ ଏଇଆ ହୁଏ-
ଯେ ଗାଧୁଆଘରେ
ସମସ୍ତଙ୍କ ଅଗୋଚରରେ
ମରିପଡ଼ିଥାଏ
ମହାକାଳପଡ଼ାର ଜଳଧର ସ୍ୱାଇଁଙ୍କ
ମଝିଆପୁଅ ଜୟଦେବ ସ୍ୱାଇଁ
କନିଷ୍ଠଯନ୍ତ୍ରୀ, ଟୁନାକୁନାଙ୍କ ବାପ
ପଦ୍ମାବତୀର ସ୍ୱାମୀ।

ଗାଧୁଆଘରୁ ଯିଏ ବାହାରେ
ସିଏ କବି ଜୟଦେବ
ଗୋଟେ ଅସମାପ୍ତ କବିତାର ପଦପୂରଣ ପାଇଁ
ଯାହାର ଆବିର୍ଭାବ-
ସକାଳ ୮ଟା ୪୭ରେ
ମାତ୍ର ମିନିଟକ ପାଇଁ
ଭୁବନେଶ୍ୱର ଏକ ନମ୍ବର ହାଟ ପାଖାପାଖି
ଗୋଟେ ପୁରୁଣ ଟୁ ଆର୍ ଘରେ।

ଅପାଂକ୍ତେୟର ଗଜଲ୍

(ମିର୍ଜା ଗାଲିବ୍‌ଙ୍କୁ)

ମରିବାର ଗୋଟେ ସୁନ୍ଦର ଯୋଜନା ଅଛି ମୋ' ମୁଣ୍ଡ ଭିତରେ
ପ୍ରିୟତମା
ଚାଲ ମରିଯିବା କହି ପଣ୍ଡ କରିଦିଅନା ତାକୁ ଅବେଳରେ।

ମରିବାର ଗୋଟେ ଅବ୍ୟର୍ଥ ବାହାନା ଅଛି ମୋ' ଅନ୍ୟମନସ୍କତାରେ
ପ୍ରିୟତମା
ଚାଲ ମରିଯିବା କହି ବ୍ୟର୍ଥ କରିଦିଅନା ତାକୁ ଅକାରଣରେ।

ମରିବାର ଗୋଟେ ସମର୍ଥ ବ୍ୟଂଜନା ଅଛି ମୋ'ଅପାରଗତାରେ
ପ୍ରିୟତମା
ଚାଲ ମରିଯିବା କହି ନଷ୍ଟ କରିଦିଅନା ତାକୁ ଅଯଥାରେ।

ମରିବାର ଗୋଟେ ସାର୍ଥକ କବିତା ଅଛି ମୋ' ମୂର୍ଖତାରେ
ପ୍ରିୟତମା
ଚାଲ ମରିଯିବା କହି ଭ୍ରଷ୍ଟ କରିଦିଅନା ତାକୁ ବାଟ ମଝିରେ।

ଚାଲ ମରିଯିବା ବୋଲି କହନା ପ୍ରିୟତମା କହନାରେ
ଆମ ବିଫଳ ଲୋକଙ୍କ ଦୁନିଆରେ
ମରିବା ସମ୍ଭବ ନୁହେଁ ଅଭିମାନରେ।

ସୁଖ-ଗାଥା

(୧)

ଗୋଡ଼େଇ ଆସେ ଢେଉ
ପିଲାଏ କିଲ୍‌କାଲ୍ ହୋଇ
ଉଠିଆସନ୍ତି ବାଲିକୁଦ ଉପରକୁ,
କୋଉ ମଝି ଦରିଆରେ
ଧୀରେ ଧୀରେ ହଜି ଯାଉଥିବା
ଡଙ୍ଗାର ମିଞ୍ଜିମିଞ୍ଜି ବତି ଆଲୁଅ ଭଳି
ଡାକି ଡାକି ଶେଷରେ
ଲିଭିଯାଏ ଜହ୍ନ ବଉଦରେ।
କିଟିକିଟି କଳା ଅନ୍ଧାର ରାତିରେ
ନିଜକୁ ଭରସା ଦେଇ ତମେ କୁହ:
ଠିକ୍ ଅଛି ସବୁ
ସବୁ କିଛି ଅଛି
ସାର୍ଥକ ସୁନ୍ଦର।

(୨)

ସବୁକିଛି କେବେହେଲେ ବି
ଠିକ୍ ନଥାଏ
ସେଥିପାଇଁ କେତେକ'ଣ କରିବାକୁ ନପଡ଼େ !
ଠିକ୍ ଜାଗାରେ ଠିଆ ହୋଇ
ଦେଖିବାକୁ ପଡ଼େ ଦଧିନଉତି
ନଡ଼ିଆବାରିରୁ ଯିବା ଆଗରୁ ରଣକୁହୁଡ଼ି,
ଭାବିବାକୁ ପଡ଼େ ପୁଞ୍ଜେ ନଡ଼ିଆ ବଦଳରେ
କିଏ ଦବ ସାନଭାଇକୁ ଝିକିରି,
ଲହଡ଼ି ଭୟରେ, ବାଲିକୁଦ ଉପରେ
ଜକାଜକି ହୋଇ ବସିଥିବା ପିଲା କେଇଟି
ଭାସିଯିବେ ହେ ଚକ୍ରଧର-
ଏତିକି କହି
ଢୋକିନା ମୁଣ୍ଡ ବି ପିଟିଦବାକୁ ହୁଏ
ପଥର ପାହାଚରେ ।

(୩)

କିଛି ଠିକ୍ ନଥାଏ,
ଯିଏ ଯୋଉଠି ଥିବା କଥା
ନଥାଏ ସେ'ଠି, ଯାହାର ଯିବା କଥା
ସିଏ ସେଯାଏଁ ଆସି
ପହଞ୍ଚି ନଥାଏ ଷ୍ଟେସନ୍‌ରେ
ଗୋଟେ ଭଙ୍ଗା ଦଦରା ରାସ୍ତା
ପଡ଼ିଥାଏ ଖାଲଖମା ଅରମା ଭିତରେ,
ସାରା ଜୀବନ ଦହଗଞ୍ଜ ହବା ଛଡ଼ା
କ'ଣ ବା ଆଉ ଥାଏ
ଦଧିବାମନପୁରର ସେ ବିଶ୍ୱାଳ ପରିବାରର
କୁଳତିଳକ ଭାଗ୍ୟରେ ?

(୪)

ଏମିତି ସମୟରେ
ଘଟେ ଗୋଟେ ସୁନ୍ଦର ଘଟଣା
ସଜାଡ଼ି ଥୋଇଲା ଭଳି
ଗୋଟାକ ପରେ ଗୋଟାଏ
ଶୁଭଦିନ ଆସି ପହଞ୍ଚି ଯାଆନ୍ତି ଘରେ
ମାଠିମୁଠି ସୁନ୍ଦର କରି
କିଏ ଜଣେ ଥୋଇଦେଇ ଯାଏ
ହଳଦି ଗୁରୁଗୁରୁ ଶିଳୁପୁଆଟିଏ
ଅଁଳାଗଛମୂଳରେ।
ପୁଣି ମୂଳରୁ ଆରମ୍ଭ ହୁଏ ଗାଥା,
ଗର୍ଜୁଥାଏ ସମୁଦ୍ର
ଉଚ୍ଛୁଳୁଥାଏ ଜହ୍ନଆଲୁଅ
ସବୁ ଠିକ୍ ଥାଏ
ସବୁଥାଏ ସବୁମନ୍ତେ ସାର୍ଥକ ସୁନ୍ଦର।

ତଥ୍ୟ, ହାଃ

ଅନ୍ଧଟିଏ ଭିକ ମାଗିଲା
ଆଚ୍ଛା,
ସେଇଠୁ ଆପଣ କ'ଣ କଲେ ?
ତାକୁ ଟଙ୍କାଟିଏ ଦେଲେ ।

ଭୋକବିକଳରେ ରଡ଼ିଛାଡ଼ିଲା
ଛୁଆଟିଏ ମା' କୋଳରେ
ଆଚ୍ଛା,
ସେଇଠୁ ଆପଣ କ'ଣ କଲେ ?
ଦି'ଖଣ୍ଡ ବିସ୍କୁଟ୍ ଧରେଇ ଦେଲେ ତାକୁ ।

ହାଉଳିଖାଇ ଗଡ଼ିପଡ଼ିଲା
ଡାକ୍ତରଖାନା ଫାଟକ ପାଖରେ ଲୋକଟିଏ
ଆଚ୍ଛା,
            ସେଇଠୁ ଆପଣ କ'ଣ କଲେ ?
            ତାକୁ ଉଠାଉଠି କରି ନେଇଗଲେ
            ଡାକ୍ତର ପାଖକୁ ।

ଟୋକାଟେ ଆସି କାନ୍ଦୁଣୁମାନ୍ଦୁଣୁ ହେଇ
କହିଲା ନିରାଶ୍ରୟ ମୁଁ
ଆଚ୍ଛା,
            ସେଇଠୁ ଆପଣ କ'ଣ କଲେ ?
            ଲଗେଇ ଦେଲେ ତାକୁ କାମରେ ।

ଏସବୁ କରି
ଆପଣ ମନେ ମନେ କୃତାର୍ଥ ସିନା
ଦଧିବାମନବାବୁ
ଏଥିରେ କିନ୍ତୁ ଉନ୍ନତି ନାହିଁ ଦେଶର ।
ମୁଁ ନିୟମଗିରିରେ ତହସିଲ୍‌ଦାର ଥିଲାବେଳେ
ଯାହା ଦେଖିଚି ଆପଣ ସାରାଜୀବନରେ
ଦେଖିନଥିବେ ତାହା : ରୋଗବଇରାଗ, ଭୋକଉପାସ
ବେଠିବେଗାରି ସବୁ ଦେଖିଚି
ହେଲେ କେବେ କାହାକୁ ପଇସାଟିଏ ଦେଇନି କି
କାହା ପିଠିରେ ହାତଟିଏ ଥୋଇନି, କାରଣ
ମୁଁ ଜାଣେ ଏସବୁରେ ଉନ୍ନତି ହେବନାହିଁ ଦେଶର ।
ଦେଶର ଉନ୍ନତି ପାଇଁ
ମୁଁ ପ୍ରାୟ ତିରିଶ ବର୍ଷ ହେଲା
ଅନବରତ ଚିନ୍ତା କରି ଚାଲିଛି
ଖାଲି ମଝିରେ ଦି'ତିନି ବର୍ଷ
ଯୋଉ ସସ୍‌ପେଣ୍ଡ ହେଇ ରହିଗଲି ଗାଁରେ
ଆଣ୍ଠୁଗଣ୍ଠି ବାତରେ ପଡ଼ିଲି
ଯୋଉ କିଛିଦିନ,

ଯୋଉ କିଛିଦିନ ଶନିଦଶାରେ ଗଲି
ଏକେବାର ତଳିତଳାନ୍ତ ହୋଇ
ସେତିକି ଛାଡ଼ି
ଆଉ ସବୁବେଳେ ମୁଁ ଲାଗିଚି ସେଇ ଚିନ୍ତାରେ।

ଭୋକଶୋଷ ନାହିଁ
ଖରାତରା ନାହିଁ
ବର୍ଷାଶୀତ ନାହିଁ
ସବୁବେଳେ ସେଇ ଗୋଟିଏ ଚିନ୍ତା
ଦେଶ କେମିତି ରହିଯିବ
ଯାଏଁ ପଛେ ମୁଁ ଭାସି।

ରଖିଚି ଜମାକରି
ଏମିତି ତଥ୍ୟ ଯେ
ଦୋହଲିଯିବ ସରକାର ଆଞ୍ଜା
ଛିଡ଼ିପଡ଼ିବ ଆକାଶ,
ଲେଖିବି ଗୋଟେ ବହି, ବହିତ ନୁହେଁ
ବୋମା !
ଦେବି ଖଂଜି ସେଥିରେ
ଯେତେ ଅଛି ବାରୁଦ
ଫୁଟିବ ଯେତେବେଳେ ନା ଦଧିବାମନବାବୁ
କଂପିବ ଦୁନିଆ।

କ'ଣ ବିଶ୍ୱାସ କରୁନାହାନ୍ତି ?-
ଭାବୁଛନ୍ତି ବାହାପିଆ !
ଆପଣ ତ ମାଷ୍ଟର ଲୋକ
ଘରଦ୍ୱାର ପିଲାକବିଲା ନେଇ
ମଉଜରେ ରହିଲେ,
ଯୋଉ ବିରିଡ଼ିରୁ ଆରମ୍ଭ ଋକିରି
ସେଇ ବିରିଡ଼ିରେ ଶେଷ !
ଖରାତରାରେ ବୁଲି
ଦିସ୍ତା ଦିସ୍ତା କାଗଜ ଚଷି
ବହୁ ଦହଗଂଜ ହେଇ
ପେଟ ପୋଷିବା ଲୋକ ଆମେ,

ହେଲା ଏବେ
ଆପଣ ଚରାନ୍ତି ଗାଈ
ଆମେ ଚରାଉ ମଣିଷ।

ଖାଲି ଟଙ୍କାଟିଏ ଫିଙ୍ଗିଦେଲେ
ଚୁ'ଟିଏ କରିଦେଲେ କି
ପିଠିଟିଏ ଆଉଁଶି ଦେଲେ
କ'ଣ ଉଦ୍ଧାର ହବ ଦେଶ
ଦଧିବାମନବାବୁ ?

ଚିନ୍ତା କରନ୍ତୁ
ମୋଟା ମୋଟା ବହି ଲେଖନ୍ତୁ
ଶୋଇ ଶୋଇ ସ୍ୱପ୍ନ ଦେଖନ୍ତୁ
କିଛି କରିବା ଦରକାର ନାହିଁ।
ସେ କରୁଣାଫରୁଣା ଗୁଡ଼ା
କରିବେ ନାହିଁଟି ଦଧିବାମନବାବୁ
ଏକେତ ଆପଣ ନିଜେ କାଂଗାଳ
ହେଇଯିବେ, ତହିଁରେ ପୁଣି
ଟିକିଏ ମୁହଁ ପାଇଲେ ଏ ପଂଗପାଳ ଦଳ
ବସିବେ ଆସି ମୁଣ୍ଡରେ,
ଦେଶ ଆଉ ରହିବ ନାହିଁ।

ଏ ନଣ୍ଡା ପାହାଡ଼ଟି ଆଡ଼େ ଚାହାନ୍ତୁ
ୟା'ର ଆରପଟେ କ'ଣ ଅଛି
ଜାଣନ୍ତି ? ଭାବନ୍ତୁ କ'ଣ ଥାଇପାରେ।

ଆପଣ ଭାବୁଥା'ନ୍ତୁ, ଏ ଭିତରେ
ମୁଁ ବିଦା କରି ଦେଇଆସେ ତଣ୍ଟିଆ ଦେଇ
କାନ ଅତଡ଼ା ପକଉଥିବା ସେ ଭିକାରିଟିକୁ
ଦୁଆରମୁହଁରୁ।

ଦିଅଁ

ଏମିତି ଭୁସ୍‌କିନା ଯାଇ
ଧଡ୍‌କିନା ଖୋଲିଦବନି କବାଟ।

ପ୍ରଥମେ
ବନ୍ଦ୍ କବାଟ ଏପଟେ
ଠିଆହୋଇ ଆସ୍ତେ ଛୁଇଁବ
କବାଟକୁ, କହିବ:
ଭାଂଗିଦେଲି ପହଡ଼
କ୍ଷମା କରିବ।

ତା'ପରେ ଟିକିଏ ବଡ଼ ପାଟିରେ କହିବ:
ଉଠ ଏଥର ନୀଳମଣି
ବେଶ ହେବ
ଖାଇବ ସରଳହୁଣି
ପିନ୍ଧିବ ସୁନାକାଛେଣି।

ଅଳ୍ପଟିକିଏ ଖୋଲିବ ପ୍ରଥମେ
ଚାହିଁବ ଅନ୍ଧାର ଭିତରକୁ,
ଦିଶିବ ନାହିଁ କିଛି ।

ତା'ପରେ ଆଖିବୁଜି ଖୋଲିଦେବ
ଯାଉଁଳି କବାଟ,
ମୁଣ୍ଡ ନୁଆଇଁ କହିବ:

ଉଠାଇ ନଥା'ନ୍ତି ନିଦରୁ ଯଦି
ଆଉ ଟିକେ
କମ୍ ଦେଇଥା'ନ୍ତ ଦୁଃଖ
ଯଦି ଆଉଟିକେ
ବେଶି ଦେଇଥା'ନ୍ତ ସୁଖ ।

ହେ ସବୁବେଳେ କମ୍ ସୁଖ ଓ
ବେଶି ଦୁଃଖର ଅଦୃଶ୍ୟ ଦାତା
କବାଟ ବନ୍ଦ ହେଲାଯାଏଁ
ମୂର୍ତ୍ତିଟିଏ ହୋଇ ଥାଅ
ଅନ୍ତର୍ଦ୍ଧାନ ହୁଅନା ।

ଭୂତ

ମୋ ମୁଣ୍ଡ ଭିତରେ ଭୂତଥିବାର ପ୍ରମାଣ
ମୁଁ ଦେଇସାରିଚି ଅନେକଥର
ଏବେ ମୁଁ ଖୋଲାଖୋଲି କହିଦଉଚି ଯେ
ସେ ଭୂତଟି ହିଁ କାରଣ ମୋ'ର ସବୁ ଅଯୋଗ୍ୟତାର

ଅନ୍ୟମାନଙ୍କ ଭଳି ମୁଁ ବି କ'ଣ ଚାହିଁନଥିଲି ଯେ
ବସିବା ଲାଏକ୍ ସୋଫାଖଣ୍ଡେ ପଡୁ ଘରେ,
ଯିବାଆସିବା ଲାଗିରହୁ ଭାଇବନ୍ଧୁଙ୍କର
ଭୋଜିଭାତରେ ଆପ୍ୟାୟିତ ହୁଅନ୍ତୁ ଅଭ୍ୟାଗତ,
ପିଲପକା ରେଶମୀ ଶାଢ଼ି ପିନ୍ଧି ତମେ
ଆଖି ଛଳଛଳ କରି ପୁଅକୁ ବିଦାୟ ଦିଅ
ଭୋର୍ ଚାରିଟା ବେଳେ ବିମାନବନ୍ଦରରେ।

କିନ୍ତୁ ସବୁ ଭଲ କଳ୍ପନାକୁ ନାରଖାର କରିବା ପାଇଁ
ଆସି ପହଞ୍ଚେ ସେଇ ଭୂତ।

ଭୂତକୁ ଭୁଲାଇବା ସମ୍ଭବ ନୁହେଁ ଭୂତଖାନାରେ,
ତେଣୁ
ତମେ ଯେତେ ଭାୟୋଲିନ୍ ବଜାଅ
ଯେତେ ରୁଣୁଝୁଣୁ କର ପାଣିକାଚ
ଯେତେ ଟୁଂଟାଂ କର ଚମଚ
ସେ ଭୂତ
ଭାଙ୍ଗିଦେବ ତମର ରସିକରଂଜନା ସଭା
ଓଲଟାଇଦବ ତମର ଭୋଜିଭାତର ମଜା
ଅଯଥାରେ ଗୁଡ଼େ କନ୍ଦାଇବ ତମକୁ ଅଧରାତିରେ
ଯାହା ଯାହା ଭାବିଚ ସବୁ ଦଳିଚକଟି
ଛିନ୍‌ଛତ୍ର କରି, ଥୋଇଦବ ତମର ସବୁ କଳ୍ପନାକୁ ନେଇ
ଏମିତି ଗୋଟେ କାଲିଜାଗାରେ ଯୋଉଠି
ଘର ନଥିବ
ଲୋକ ନଥିବେ
ନଥିବ ଭଲମନ୍ଦ ହାନିଲାଭ
ଦିଆଦେଇ ରାଗରୁଷା
କେହି ନଥିବେ,
କେବଳ ତମେ ଓ
ତମ ସାମ୍ନାରେ
ମୁଚୁମୁଚୁ ହସୁଥିବା
ସାବନା ନହକା ଟୋକାଭୂତଟିଏ !
ତା'ର ଅଲରା ବାଳରେ କୁଟା
ତା'ର ଚୁଟି ପଡ଼ିଥିବା କୋଟଟ କମିଜରେ ଚିରାଦାଗ
ତା'ର ଆଖିତଳେ ଶୁଖିଯାଇଥିବା ଦାଗ ଲୁହର
ତା'ର ଢୋଲା ଖାକି ପେଣ୍ଟର ପକେଟ୍‌ରେ ମୁଠାଏ ଶିପ।

ସେ ଭୂତ ଖଣ୍ଡକ ଥିଲାଯାଏଁ ମୋ' ମୁଣ୍ଡଭିତରେ
ତମେ ଦେଖିପାରିବ ନାହିଁ ଗୋଟିଏ ହେଲେ ସ୍ୱପ୍ନ
କୌଣ ଗୋଟାଏ ସ୍ୱପ୍ନକୁ ବି ସେ
କରାଇ ଦେବନାହିଁ ସାକାର।

ତାରାକୁ ଋହିଁ ଋହିଁ
ରାତି ପୁହାଇ ଦେବାର
କୌଣ ଗୋଟିଏ ପ୍ରତିଶ୍ରୁତି ବି ତମେ
ରଖିପାରିବ ନାହିଁ
ଏ ଭୂତ ଥିଲାଯାଏଁ
ପୃଥିବୀରେ।

ଚିଲିକା

ଯୋଗୀ ବେହେରା-
            ଅନ୍ଧାରରେ
            ପାଣି ଉପରେ
ପାହାଡ଼ ଭଳି ଠିଆ ହେଇଚି ତମ ବାକି ଜୀବନ !

ତମେ କାଲୁରିରୁ ବାହାରିବ ଯେତେବେଳେ
ରାତିଏ ରାତିଏ,
            ଧରିବା ପାଇଁ ଭୋର୍‌ର ଗାଡ଼ି
            ଦେଖିବ
            ତମ ସାଙ୍ଗରେ ସିଏବି ଚାଲିଚି ଷ୍ଟେସନ୍‌।

ଚିଲିକା ପାଣିରେ ଚାଲୁଥିବା ପାହାଡ଼ ଦେଖି
ଯଦି ଭୟ ଲାଗେ ତମକୁ, ତେବେ ଜାଣିବ
ତମ ଭିତରେ ଆସି ରହିଗଲାଣି ସେ ପାହାଡ଼
ତମ ଭିତରର ପାଣ ଅନ୍ଧାରରେ ଅବଲୁପ୍ତ ତା'ର ଆକାର
ଫୁଟିଦିଶିବ,
            ତମେ ଷ୍ଟେସନ୍‌ ପହଞ୍ଚିବା ଆଗରୁ।

ଫୁଟି ଦିଶିବ ତମ ହାତରେ ଥିବା
ଜବରଟାଇଟ୍ ଗଣ୍ଠିଲି ଭିତରୁ
ଖୁଜୁରୁବୁଜୁରୁ ଯୋଡ଼େ କଅଁଳ ହାତ
ଫର୍ଚ୍ଚା ହେଇ ଆସିଲାବେଳକୁ ଆକାଶ
ସେ ଠିଆ ହେଇଥିବ ଅର୍ଘାଡିଆ ଭେଣ୍ଡାଟିଏ ହେଇ
ତମ ଆଗରେ।
କିଏରେ ତୁ? ତମେ ନଚିହ୍ନିଲା ଭଳି ପଚାରିବ ତାକୁ।

ଲୁହ ଛଳଛଳ ହେଇଯିବ ଆଖି ତା'ର
କହିବ : ଚିହ୍ନିପାରିଲୁ ନାଇଁ ବା' ତୋ' ବାକି ଜୀବନକୁ!

ବାସ୍, ତା'ପରେ ଆଉ ରହିବ ନାଇଁ ବାକି ଜୀବନ
ବଡ଼ ବଡ଼ ପାହୁଣ୍ଡ ପକେଇ
ବିଲ, ଆମ୍ବତୋଟା, ଶଗଡ଼ଦଣ୍ଡା, କିଆରିଗୋହିରୀ ଡେଇଁ
ଉଭାନ୍ ହେଇଯିବ ରହୁଁ ରହୁଁ।

ଫିଟିଲା ପରେ ସକାଳ
ଲୋକେ ଦେଖିବେ :
କାହିଁ କେବେ ଚଡ଼କପଡ଼ି
ଜଳି ଯାଇଥିବା ଗାଁତୋଟାର
ଆମ୍ବଗଛରେ ଝୁନ୍ଦି ହେଇଯାଇଚି ବଉଳ,
ତେବେ ସରଳ ସିଂ ଗେଟ୍ ପାଖରେ
ମାଛ ଗାଡ଼ିରେ କଟିଯାଇଚି
କାଲୁରି ଗାଁର ଯୋଗୀ ବେହେରା ବୋଲି
ଗୋଟେ କେଉଟ,
ଯିଏ ଜାଲ ବନ୍ଧା ପକେଇ ଆଣିଥିଲା ଟଙ୍କା ତିନିଶ
ଦାଦନରେ ଯିବ ବୋଲି କଲିକତା!

କହ୍ନେଇ

ଘୋର ବର୍ଷା । ଅନ୍ଧାର ରାତି ।
କେହି କୁଆଡ଼େ ନାହିଁ ।
ଉଚ୍ଛୁଳୁଚି ଯମୁନା ନଈ ।

କିଏ ତୁ ? ଏ କାଳବେଳାରେ
କୁଆଡ଼େ ବାହାରିଚୁ ଲୁଚିଲୁଚି
କାଖରେ ଏ ଟୋକେଇ ନେଇ ?

ଦେଖି ଦେଖି-
ବେତ ଟୋକେଇରେ ନେଳି କଣ୍ଢେଇ ?
ହଳଦିଆକନା ଗୁଡ଼େଇ ହେଇ !
କି ସୁନ୍ଦର ବଳିଲା ବଳିଲା ହାତଗୋଡ଼
କେଡ଼େ ନାଲି ପୂରିଲା ପୂରିଲା ଓଠ, ମୁଣ୍ଡରେ
ବାଳଗୋଛାଏ, ପୁଟୁକା ଗାଲରେ କଳାଟୋପାଏ-
ପଲକ ପଡୁନି ଆଖିରେ ସତେକି
ହସିଦଉଚି ମତେ ଅନେଇ !

ସୋଲ ? କାଠ ? ମୁଗୁନି ?
ଲାଖ ? ଜଉ ?
ମାଟି ? ମହମ ? ପିତଳ ? ଜଉ ?
କୋଉଥିରେ ତିଆରି ଏ କଣ୍ଢେଇ ?
ଏ ବୁଢ଼ା ଆଖିରେ, ପୁଣି ଏ ବର୍ଷା ଅନ୍ଧାରରେ
କେତେ ବା ଦେଖିବି ଟର୍ଚ୍ଚ ପକେଇ !

ତୁ ସତରେ ଯଦି କହ୍ନେଇରେ କଣ୍ଢେଇ
ରଇଥା–
ଛାତିଫୁଲେଇ ଆସିବ ଯେତେବେଳେ
ଗଲୁ ସେନାପତି ଭିଡ଼ିଦବୁ ତା' ଦାଢ଼ି !
ଆସିବ ଯେତେବେଳେ ଖାଉ କ୍ଷେତ୍ରପାଳ
ପେଟଫୁଲେଇ, ଫିଟେଇଦବୁ ତା' ପଗଡ଼ି !
ହଲିହଲି ଆସିବ ଯେତେବେଳେ ମାରୁ ମହାଜନ
ମୁଠା ପକେଇ ଛିଡ଼େଇ ଦବୁ ତା' କାନର ନୋଳି, ବେକର ମାଳି !
ଲୋକେ ଭାବିବେ ଗମାତ କରୁଚି କଣ୍ଢେଇ
ମୁଁ ଜାଣିନି କହ୍ନେଇ !

ଜାଣିବି ଜୀବନ ଅଛି ତୋ' ଦିହରେ
ମରିମରି ଜିଇଁଚି ମୁଁ ଏ ଯାଏଁ ଉଗ୍ରସେନ ହୋଇ
ପାପନଗରୀର ରାତି ଜଗୁଆଳି,
ରଜା ବସେଇବି ବାଟ ଜଗେଇ
ତୋଅରି ପାଇଁ !

ଅପାଂକ୍ତେୟର ଗଜଲ-୨

(ମିର୍ ତକି 'ମୀର୍'ଙ୍କୁ)

କୁଆଡ଼େ ଗଲା ଯେତେସବୁ ଜମାଥିଲା ଅସ୍ତ୍ର ମୋର
ପ୍ରିୟତମା
ଭଣ୍ଡାର ଖାଲି, ତେଣେ କଢ଼ରେ କଢ଼ରେ ଖଂଜା ହେଲାଣି
ବାୟୋନେଟ୍, ଫୁଲରେ ଫୁଲରେ ତରାଟି ରହିଁଲାଣି
ବନ୍ଧୁକ-ନଳୀ, ଫଳରେ ଫଳରେ ପାକଳ ହେଲାଣି
ବୋମା, ପତରେ ପତରେ ଶାଣଖାଇ ଉଠିଲାଣି ଭୁଜାଲି
ପ୍ରିୟତମା
କୁଆଡ଼େ ଗଲା ମୋର ପ୍ରତିରୋଧର ସଂଚୟ ?
ଯୋଉଠୁ ଯାହା ପାଇଥିଲି ସବୁତ ଦେଇଥିଲି ତମକୁ
ଏଇ ଭରସାରେ ଯେ ଯଦି କେବେ
ପ୍ରେମ ବଦଳିଯାଏ ଯୁଦ୍ଧକ୍ଷେତ୍ରରେ
ମରଣକୁ ଆଉ ଦି'ଘଡ଼ି ଅଟକାଇବା ପାଇଁ
ଥିବତ ଅନ୍ତତଃ କିଛି ଅସ୍ତ୍ର ହାତ ପାଖରେ !

ଏବେ ଜାଣୁଚି ପ୍ରିୟତମା
          ଆମ ବିଫଳ ଲୋକଙ୍କ ସଂସାରରେ
                    ଏଇଆ ହୁଏ
ଯେବେ ଯେବେ ପ୍ରେମ ବଦଳିଯାଏ ଯୁଦ୍ଧକ୍ଷେତ୍ରରେ
ସେବେ ସେବେ ତମେ ମୋର ଅସ୍ତ୍ରତକ ନେଇ
ହୋଇଯାଅ ନିଖୋଜ, ଆଉ ମୋତେ ଲଢ଼ିବାକୁ ହୁଏ
ବିନା ଅସ୍ତ୍ରରେ, ତମର ଛାଇ ସହିତ, ଜିଇଁଥିଲା ଯାଏଁ।

ରାତିର କଥାକାର

ଭାଗ୍ୟଠୁ ବଡ଼ କଥାକାର ନାହିଁରେ ଭାଇ-
ଏମିତି ଗୋଟେ ବୋମା ପକେଇ
ସ୍କୁଟର୍‌ରେ କିକ୍ ମାରିବ କଣ୍ଟ୍ରାକ୍ଟର-କମ୍-କଥାକାର
ସୁବାସ ସ୍ବାଇଁ,
ଉଁ କି ଚୁଁ ନ କହି
ମୁଣ୍ଡ ଟୁଙ୍ଗାରିବେ
ପରସ୍ପରର ମୁହଁକୁ ଚାହିଁ
ସେଦିନ ଖଟିରେ ଶେଷ ଦୁଇ ତାରା
ଜିତୁ ପାଢ଼ୀ ଆଉ ବାବୁ ରାଉତରା ।

କଳା ଢିଲା ଟ୍ରାଉଜର ଉପରେ କୋଲାରଂଗର
ଜାମା ପକେଇ ଜିତୁ ପକେଟରୁ ବାହାର କରିବ
ଗୋଟେ ଦାନ୍ତଭଂଗା ପାନିଆ, ଏକାଥରେକେ ଗୋଛାକରି
ରାଂପି ନବ ଗୋଛାକଯାକ କହରା ବାଳ

ଫଟା ଜିନ୍ ଉପରେ ଅଣ୍ଟା ଲୁଚୁନଥିବା ସାର୍ଟ ଗଳେଇ
ବାବୁ, ଲମ୍ବ ହେଇ ପଡ଼ିଯିବ ଚ’ ଦୋକାନର ଲମ୍ବା ବେଂଚ ଉପରେ
ଉପରକୁ ଚହିଁଚହିଁ କହିବ : ଦେଖ୍
ଦେଖ୍ ବେ ଜିତୁ ଶ୍ଳାଃ କେତେ ତାରା ଏ ବଜାତ୍ ଆକାଶରେ !

ଆଜି ଆଉ ଘରକୁ ଯିବାର ନାହିଁ
ଏଇଠି ଶୋଇଶୋଇ କିଛି ଗୋଟେ କରିବାକୁ ହେବ
ସେ ବିନାଦୋଷରେ ଧରାହୋଇଥିବା ଗୋଦରାନନାଟା ପାଇଁ
ଯାହାର ଲୁହଭର୍ତ୍ତି ଆଖିଯୋଡ଼ାକ କଳିଲାଗିଛନ୍ତି କେବେଠୁଁ
ଗୋଟେ ଅକଳିଆ ଗପର ପ୍ଲଟ୍ ହେଇ ମୋ’ ମୁଣ୍ଡ ଭିତରେ !

ଆଉ କିଛି ହେବାର ନାଇରେ ବାବୁନା
କିଛି ହେବାର ନାଇଁ ଏ ଢିଙ୍କି ଆଉ ବଗ ଭର୍ତ୍ତି ପୃଥିବୀରେ !
- କଥାକାଟି କହିବ ଜିତୁ !

କାମ ନାଇଁ, ରୋଜଗାର ନାଇଁ
ମାନେ କ’ଣ କିଛି ନାଇଁ ? ଫୁଃ
ସବୁ ଅଛିରେ ବୋକା ମାଧିଆ, ସବୁ ଅଛି ।
ଦେଖ୍, ହଜାରେ ଗପର ପ୍ଲଟ୍ ଆସି ଜମା ହେଲାଣି ମୋ’ ମୁଣ୍ଡ ଭିତରେ
ତେଣେ ସେ ଗୋଦରଗୋଡ଼ିଆ ନନାଟି ବସି କାନ୍ଦିଲାଣି ରଡ଼ିଛାଡ଼ି
ମୋ ମୁଣ୍ଡର ହାଜତ ଭିତରେ ! ଏ କ’ଣ କମ୍ ?

ଛାଇନିଦରେ, ଖାଲିପେଟରେ, ସେଇଠି ସେ ଚ’ଦୋକାନର ବେଂଚ ଉପରେ
ପରସ୍ପରର ପିଠିରେ ଭରାଇଦେଇ ଆଂଠୁଜାକି ଆଖିବୁଜି ବସିଥିବେ ସେମାନେ
ଭାବୁଥିବେ: ଆଉ ସକାଳ ନହେଉ !
ମିଞ୍ଜିମିଞ୍ଜି ତାରା ସଲବଲ ହେଇ ପଡ଼ିଥାଉ ଏ ମଳିଚିଆ ଆକାଶର
ଆଲୁଆନ୍ ଖଣ୍ଡକ ରାତିର ବୃଷାଳ କାନ୍ଧ ଉପରେ !

ସକାଳ ହେଲେ ସିନା
ବାହାରିବ ନିଦ ମଳମଳ ଆଖିରେ ଭାଗ୍ୟ
ହାତରେ ନଗି ଖଣ୍ଡେ ଆଉ ଚାଙ୍ଗୁଡ଼ାଟାଏ ଧରି ଫୁଲ ତୋଳିବା ପାଇଁ
ସକାଳ ହେଲେ ସିନା
କାଠଚମ୍ପାଗଛର ଡାହିରେ ଗୋଟାଏ ଛାର ଜନ୍ଦାର
ଡଗଡଗ ଝଲିକି ଦେଖି ଚିହିଁକି ଯିବ ଭୁଷୁଣ୍ଡାମୁହାଁ ବୁଢ଼ା !

ହେ ଭଗବାନ୍ !
ଗପ ଶୁଣାଇବା ପାଇଁ ଖଟିକି ଯାଇଥିବା
ଏ ପିଲାଯୋଡ଼ିକ
ଯଦି ସତକୁସତ ନ ଫେରନ୍ତି ଘରକୁ ?
ତାଙ୍କୁ ସେଇଠି ସେ ଚ' ଦୋକାନର ଅନ୍ଧାରିଆ ଗୁମୁଟି ଭିତରେ
ତାରାଭରା ଆକାଶରୁ ଓହ୍ଲେଇ ଆସି ଯଦି ଖାଇଯାଏ ତାଙ୍କର ଗପ !

ମହାପୁରୁଷ

ଜନ୍ମ ହେଲା ବେଳକୁ
ତାରାମାନେ ଘରେ ନଥିଲେ।
ପଂଝେ ଯାଇଥିଲେ ଓଷଦ ପାଇଁ ଡାକ୍ତରଖାନା ତ
ଆଉ ପଂଝେ ଯାଇଥିଲେ ଯାତ ଦେଖି ହାଟପଡ଼ିଆ।

ତେଣୁ ଜନ୍ମରୁ ବେଘର ମୁଁ
ବେମାରିଆ, ଯାତବିକଳିଆ
ମୋ ପାଇଁ ବେସ୍ତ ହୁଅନା
ମୁଁ ଏମିତି ଆଃ କରି ଉଃ କରି
ଯା' ପିଣ୍ଡାରେ ନହେଲେ ତା' ପିଣ୍ଡାରେ
କୌଣସିମତେ ସାରିଦେବି ବାକି ଜୀବନ,
ମୁଁ ଜାଣେ, କାହାକୁ କୋଉଥିରେ ସୁଖଦବା
ମୋ ଦେଇ ହବନ,
କାରଣ, ସୁଖ ଦେଇ ଜାଣୁଥିବା ତାରାମାନେ ଗାଏବ୍
ତହସିଲ୍‌ଦାରଙ୍କ ଖାତାରୁ,
ଏଣେ ମୋର ପଚ୍ଚାପାଉତି ସବୁ ଜାଲ୍।

ସେ କରଣୀ ଅକ୍ଷର ପୁଞ୍ଜାଙ୍କର
ଛୋଟ ଲାଞ୍ଜରୁ ତମେ ଜାଣିବ ଯେ
ସେ ଅସଲ କରଣୀ ନୁହନ୍ତି,
ନାହିଁ ତାଙ୍କଠେଇଁ
ଲାଞ୍ଜ ଫର୍‌ଫର୍ ଉଡ଼େଇ
ମଣିଷର କପାଳ ଲେଖିବାର ତାକତ୍।
ଗୁଡ଼ାଏ ଅଭିଶାପ ମୋ' ମୁଣ୍ଡ ଉପରେ
ମାଇପର, ପିଲାଙ୍କର, ବାପା ମା'ଙ୍କର-
ସେଗୁଡ଼ାବି ବୋହିବାକୁ ହବ
ଗୁଡ଼େ ଘାଣ୍ଟି ହେବାକୁ ହବ ଗୁହମୂତରେ,
ତା'ପରେ ଯାଇ ବେଳ ଆସିବ,

ପାଦଚିପି, କାହାରି ନିଦ ନ ଭାଙ୍ଗି
ବର୍ଷା କାଟୁଥିବା ଅନ୍ଧାର ରାତିରେ
ଘା'ଘଉଡ଼ ଲୋଟା କମ୍ବଳ
ସବୁକୁ ଏକାଠି କରି ଗୋଟେ ବୁଜୁଳିରେ
କାଖରେ ଜାକି ବାହାରିଯିବାର।

ସେତିକିରେ ବି ସରିବ ନାହିଁ କଥା,
ମୁଁ ଗଲି ବୋଲି କହିବା ପାଇଁ
ମୋତେ ଠିଆହବାକୁ ପଡ଼ିବ କାହା ଛତାତଳେ
ଅନ୍ତତଃ ଗୋଟେ ତାରା ଦିଶିଲା ଯାଏଁ
ମେଘ ସାଲୁବାଲୁ ଆକାଶରେ।

ଯିଏ ହସିବ ଏକଥା ଶୁଣି
ତା'ପାଇଁ ଏଇ ରହିଲା
ରାଂପିରାଂପି ମୋ' ମୁଣ୍ଡ ଚନ୍ଦା କରିଥିବା
ଏ ଅଭଙ୍ଗା ପାନିଆ ଖଣ୍ଡକ

ଆଉ ଥରକୁଥର ମୋ ଥୋବରା ମୁହଁକୁ
ଆହୁରି ଥୋବରା କରି ଫେରେଇଥିବା ଏ ଆଇନା।

ମୋ କଥା ଶୁଣି ଯିଏ କାନ୍ଦିବ
ତା'ପାଇଁ ରହିଲା
ପଟ୍ଟାପାଉତି ଜାଲିଆତି-
ଚଳେଇପାରିବୁ ଯଦି ବାବୁ
ସୁଖରେ ରହିବୁ, ଅଏସ୍ କରିବୁ
ବେସ୍ତ ହ'ନା।

ରହମତ୍ ଅଲି

ତମକୁ ଅଙ୍କ ଆସେ ଭଗବାନ୍ ?
ଧରି ଯେମିତି ଏଇ ଅଙ୍କଟା
ଯୋଉଟା ମୋଟୁରୁ ଆସୁନି ମୋତେ
ତମେ କଷିପାରିବ ?
ସେଇ କୁଣ୍ଡ ଅଙ୍କଟା ମ !
ଯୋଉଥିରେ ଏତେ ପାଣି ପଶିଲା ତ
ଏତେ ବାହାରିଗଲା ତ
କେବେ ଯାଇ ପୂର୍ଣ୍ଣହେଲା-
ତମେ କଷିପାରିବ ?
କାଇଁକିନା ମୁଁ ଭାବେ
ଅଙ୍କଟାଇ ମଣିଷର ଏକମାତ୍ର ଉଦ୍‌ଭାବନ
ବାକି ସବୁ ତମର ।
ଏ ପାଣି ତମର
ଏ କୁଣ୍ଡ ତମର
ଏ ନଳଖଣ୍ଡକ ବି ତମର
ହେଲେ ଏ ଅଙ୍କଖଣ୍ଡକ
ମୌଲବୀ ରହମତ୍ ଅଲିର ।

ସବୁ ପୋଡ଼ାଭୂଇଁ କେଦାର

(ଟି.ଏସ୍.ଇଲିଅଟ୍‌ଙ୍କ ବିଦାୟ)

କି କବିତା ଲେଖିବେ ହାରିଯାଇଥିବା ଲୋକମାନେ ?

ସେମାନେ ତ ତଳୁ ଉଠିବା ପାଇଁ ହାତ ଲୋଡ଼ିବେ କବିତାର,
ଉଠି ଚାଲିବା ପାଇଁ ମାଗିବେ କବିତାର କାନ୍ଧ !

ଯେତେବେଳେ ରହିବ ନାହିଁ ଗୁଜୁରାଣ ମେଣ୍ଟେଇବାର ଜୁ
ସେମାନେ ବିକିଦେବେ ସାତପୁରୁଷର ଭିଟାମାଟି କବିତାର !

ଯଦି ଦାବିଦାରଙ୍କ ଭିତରେ ନ ହୋଇପାରେ ଫଇସଲା, ସେମାନେ
ଦାଏର୍ କରିବେ ମାମ୍‌ଲା ପରସ୍ପର ବିରୋଧର, ଗୋପନରେ
ପରସ୍ପରର ତଣ୍ଟିକାଟି ଯିବେ ଜେଲ୍ !

କିଛି ନ ହେଲେ କବିତାକୁ ସାବତବାପ ଭଳି ସହିବେ ସେମାନେ
ଶେଷଯାଏଁ, କବିତା ମଲାପରେ ମାଗିବସିବେ ସନ୍ତାନର ଉତ୍ତରାଧିକାର !

କି କବିତା ଲେଖିବେ ହାରିଯାଇଥିବା ଲୋକମାନେ ? ହାରିବାର
ଭାର ନେଇ ଛାତିରେ, କାହାକୁ କୁଣ୍ଢେଇବେ ଅନ୍ଧାର ଘରେ ?

ଦା', ଦା', ଦା'

ବଜ୍ରନିର୍ଘୋଷ ଚମକାଇ ଦେଲାବେଳେ ରତିପ୍ରତିମାକୁ
କାହାକୁ କରିବେ ଦୁଃସ୍ୱପ୍ନର ସାକ୍ଷୀ? କାହାକୁ କହିବେ -
ଦା'ରୁ ଦୁଃଖ!
ଦା'ରୁ ଦାରିଦ୍ର୍ୟ!
ଦା'ରୁ ଦୁର୍ବିପାକ!
କିଏ ବା ଅଛି ଶୁଣିବାକୁ ଏ ବଜ୍ରାହତ କ୍ଷୁଦ୍ର ଅରଣ୍ୟରେ?

ଏବେ ଆପଣ ପ୍ରସ୍ଥାନ କରନ୍ତୁ ମହାଭାଗ, ଆମେ ଜାଣିଗଲୁଣି
ହାରିଥିବା ଲୋକ ପାଇଁ ହାରିବାହିଁ ସବୁଠୁ ବଡ଼ କବିତା
ଏ ପୃଥିବୀରେ। ତାକୁ ଆମେ ଆଉ ଲେଖୁନୁ, ତାକୁ
ଆମେ ଛାଡ଼ିଦେଇଚୁ ଖତ ହେବାକୁ ପୋଡ଼ାଭୂଇଁରେ।

ହାରିବା ଲୋକ ବି ଜିତିବ ଦିନେ। କବିତା ଛାଡ଼ି ଋଷବାସରେ
ମନଲାଗି ଆସିଲା ବେଳକୁ ଦିଶିବ ଜହ୍ନରାତିରେ
ମୁଗ କିଆରିରେ ପାଣି ମଡ଼ଉଚି ଅର୍ଘାସୁର,
ଅରାଏ ବି ନାହିଁ ପଡ଼ିଆ
ସବୁ ପୋଡ଼ାଭୂଇଁ କେଦାର!

ଅର୍ଦ୍ଧାଲୋକରେ ପ୍ରାର୍ଥନା

ଶିବ

ପ୍ରଭୁ, ଯେତେ ଯାହା ଦୃଶ୍ୟ ଓ ପରିତ୍ୟକ୍ତ, ଯେତେ ଯାହା
ଅଗଠିତ ଓ ଅସୁନ୍ଦର, ମୋତେ ଦିଅ। ଦିଅ ମୋତେ ପୃଥିବୀରେ
ଗୋଟିଏ ଜୀବନ, ଗୋଟିଏ ବାସସ୍ଥାନ, ଯାହାକୁ ସେମାନେ
କହନ୍ତି ଘର। ଯଦି ସମ୍ଭବ ହୁଏ ଆଉ ଟିକିଏ ଅଧିକ ବି ଦେଇପାରେ।

କସ୍ତୁରୀରେ ସୁବାସ ଭିତରକୁ ପ୍ରବେଶର ଅଧିକାର, ଦ୍ୱାରବନ୍ଧରେ ପରାସ୍ତ
ଇନ୍ଦ୍ରିୟମାନଙ୍କ ଆଶ୍ରୟ ପାଇଁ ଗୋଟିଏ ଅଳିଆଗଦା, ରୁକ୍ଷ ଓ
ଅସଜଡ଼ା ଶବ୍ଦମାନଙ୍କ ଆଶ୍ୱାସନା ପାଇଁ ଗୋଟିଏ ପ୍ରତିଶ୍ରୁତି
ନିରବତାର। ନିରବରେ ଦୁଃଖ ବିନିମୟ ପାଇଁ ଗୋଟିଏ ଔଷଧ
ଦୋକାନରେ କାଉଣ୍ଟର୍। ବାକି ସବୁରେ ଅନ୍ୟମାନଙ୍କ ଅଧିକାର।

ବିଷ୍ଣୁ

ମୋତେ ଭାରି ବାଧେ ପ୍ରଭୁ, ଯେତେବେଳେ ତମେ ଆରମ୍ଭ କର
ଦିନର କାମ, ଯେତେବେଳେ ମୁଁ ଜାଣେ ଯେ ଈଶ୍ୱରୀୟ କାର୍ଯ୍ୟ ପାଇଁ
ଲୋଡ଼ା ମଣିଷର ଅନୁପସ୍ଥିତି । ମୁଁ ସ୍ତବ୍ଧ ହୋଇ ଶୁଣେ

ଜାନ୍ତବ ସମୁଦ୍ରରୁ ଉଠେ ଗୋଟେ ଗର୍ଜନ, ଦିଶେ ମର୍କତର
ରୋମାଞ୍ଚନ ଓ ସବୁ ପୁଣି ଫୁଲି ଫାଟିଯାଏ ତରଙ୍ଗ ହୋଇ ।
ଯୋଡ଼ିଏ ଲୁହ ଛଳଛଳ ଆଖି ପଚାରନ୍ତି ତମକୁ କ'ଣ ଡେରି
ହୋଇଗଲା କୃପା ପାଇଁ, ସେଇଥିଯୋଗୁ କ'ଣ ତଥ୍ୟ ଓ ମାଛ ଖାଇ
ବଞ୍ଚିବ ମଣିଷ ନ ହେଲେ କଇଁଚ ବା ବାର୍ହା ହୋଇ ଜନ୍ମୁଥିବ ଥରକୁ ଥର
ଯେମିତି ଓହ୍ଲାଇ ଯାଇ ଫେରୁଥିବା ତୁହାକୁ ତୁହା ଜ୍ୱର !

ସୂର୍ଯ୍ୟ

ଆମେ ସୂର୍ଯ୍ୟଙ୍କୁ ସିଧାସଳଖ ଚାହୁଁନା, ଆମେ ଆଖି ବୁଜି
ତାଙ୍କର ଔଜ୍ଜ୍ୱଲ୍ୟକୁ ଗ୍ରହଣ କରୁ ଓ ତାଙ୍କର କାରୁଣିକ ଅର୍ଦ୍ଧଜୀବନକୁ
ଜଳରେ ବନ୍ଦୀ କରି ରଖୁଁ। ସୂର୍ଯ୍ୟଦେବତା ଦେଖନ୍ତି କେମିତି
ଆମେ ଆମର ଅବଶିଷ୍ଟ ଜୀବନକୁ ପୂର୍ଣ୍ଣ କରୁଁ ଯେତେବେଳେ
କେହି କୁଆଡ଼େ ନ ଥା'ନ୍ତି, ମାଟିତଳେ ଶୁଖି ଚାଲିଥାଏ ଜଳଧାରା,
ପତ୍ରଗହଳରେ ପତ୍ରଟିଏ ହୋଇ ରହିବାର ଦାରୁଣ ବାସ୍ତବତା ତିଆରି କରି
ଚାଲିଥାଏ ତା'ର ରସାୟନ, ତା'ର ଯାନ୍ତ୍ରିକ ଅନୁମାନ।

ମୋତେ ବାଣିଜ୍ୟର ଚାତୁର୍ଯ୍ୟରୁ ମୁକ୍ତ କର ପ୍ରଭୁ, ମୋତେ ଦିଅ
ଅର୍ଦ୍ଧଜୀବନ, ଦିଅ ସେତିକି ଯେତିକି ପତ୍ରର ସୂର୍ଯ୍ୟାଲୋକରେ।

ଗଣପତି

ତମ ଦୁଆରମୁହଁରେ ମୁଁ ଥୋଇ ଦେଇଯାଉଚି ଏତେ ଟିକିଏ
ନୈବେଦ୍ୟ ପ୍ରଭୁ, ଗୁଣ୍ଡାଟିଏ କ୍ଷୁଧା, ତା' ଭିତରେ ମଞ୍ଜିଦିଏ। ତମେ ଜାଣ
ଏଠିକା କଥା, ପ୍ରବଳ ଦୁଇ ନିଦ୍ରାର ମଧ୍ୟଦେଇ ଯାଏ ଯେଉଁ କ୍ଷୁଧିତ
ପଥ, ସେଇ ପଥରେ ଦିନକୁ ଦିନ ଘଣ୍ଟାକୁ ଘଣ୍ଟା କ୍ଷୁଦ୍ର ହୋଇ ଚାଲେ
ଚିନି ମିଠାଇ। ଦରିଦ୍ରକୁ ରକ୍ଷା କରେ ପ୍ରତୀକ, ବସ୍ତ୍ର ଅଭାବରେ ସୂତା ଓ
ଚମକ ଅଭାବରେ ଜରିଜମ୍ବୁରା। ଏ ଗୁଣ୍ଡାଟିଏ ବି ପ୍ରତୀକ ପ୍ରଭୁ
ଏଠି ଶବ୍ଦ ମୂଲ୍ୟହୀନ, ଶସଟି ଛାର ଆର୍ତ୍ତଜନର ଜପାସ୍ୱର।

ଦୁର୍ଗା

ମୋତେ ଶୁଣ ମାତେ, ମୋ' ଭାଇ, ତମର ବଡ଼ପୁଅ
ଓସ୍ତାଦ୍ ବାଜିକର, କୁକୁରର ଲାଞ୍ଜ, ମୁଣ୍ଡ ମଇଁଷିର, ଯାହାକୁ
ତମେ ମାରିଥିଲ ଅସୁର ଭାବି, ମରଣ ନାହିଁ ତା'ର।

ଏଥର ବି ସେ ମଲାନାହିଁ, ଏଥର ବି କାମ କଲା ଛଳ ତା'ର।
ମରେଇ ଦେଲା ନିଜକୁ, ବଞ୍ଚେଇବା ପାଇଁ ତା'ର ଅପରକୁ କାତିର
ଅଦୃଶ୍ୟ ଧାର ଭଳି, ଯିଏ ମରିଯାଏ ପ୍ରତି ଚୋଟରେ ଓ ଜିଇଉଠେ
ପର ମୁହୂର୍ତ୍ତରେ। ବଞ୍ଚିରହେ ସେ ବଞ୍ଚିବାର ଭୟ ହୋଇ।

ସବୁ ରକ୍ତପାତ କ୍ରୁଦ୍ଧ ବୀରବାଦ୍ୟର ସନ୍ତୋଷ ପାଇଁ, ମଣିଷ ପାଇଁ
ନୁହେଁ ତ ! ତମର ନୀତିକାନ୍ତି ମାତେ ଦିଏ ଆଢୁଆଳ ପରସ୍ପରକୁ
ବେଶ ବଦଳ ପାଇଁ, ଏକ ହୁଏ ତା'ର ଆରେକ ଓ ଛଳକରି ସେ ଦୁହେଁ
ଚଢ଼େଇ ଦିଅନ୍ତି ମୋତେ ବଳିକରି ସିନ୍ଦୂର ଓ କର୍ପୂର ବୋଲି
ମିଛ ପ୍ରାର୍ଥନାରେ। ମୋତେ ପୁଣି ଥରେ ଗର୍ଭରେ ଧର ମାତେ

ଧର ମୋତେ ଗର୍ଭରେ, କୃଷ୍ଣତମ ନିଶାରେ, ଯେମିତି ଧରାହୁଏ
ଭୟର ଅକ୍ଷୋଭ୍ୟ ବୀଜ ସଂସାରର ଅଜ୍ଞାତସାରରେ।

ହନୁମାନ

ହେ ବାୟବ୍ୟ ସତ୍ତାର ଦେବ, ଫଳମୟ ସଂପୂର୍ଣତାର
ନିଶ୍ଚିହ୍ନତା, ପାର୍ବତ୍ୟ, କରୁଣ

ତମର ଶକ୍ତି ବିଶାଳ ବପୁରେ, ହାଡ଼ମାଂସରେ ଶୋଇରହେ,
ପୁଣି ଉଠେ ଗୋଟିଏ ନାମର ଦୁନ୍ଦୁଭି ନାଦରେ।
ତମରି ସୂକ୍ଷ୍ମତମ ସତ୍ତା ହରଣ କରେ ତମର ବିପୁଳତା ଓ
ପରିଣତ କରେ ତମକୁ, ତମରି ମୂର୍ତ୍ତିର ଉପାଦାନରେ।
ରବର, ପ୍ଲାଷ୍ଟିକ୍, ପଥର, ପିଚୁ ବା ଶୁଦ୍ଧ ଫଳମୟତାରେ।
ଦିଅ ପ୍ରଭୁ, ଦିଅ ଗୋଟିଏ ଦିନ ଶୌର୍ଯ୍ୟହୀନ ସାହସର
ଅକର୍ତବ୍ୟର ମୁକୁଟ ତା'ର ନିଜ କାରଣରେ, ରାଜା ଓ କଣ୍ଟ୍ରାକ୍ଟର୍
ଦେଖିବେ ନାହିଁ ଯାହାକୁ, ସେଇ ଶୁଦ୍ଧ ବିଶ୍ୱାସ, ସୁରକ୍ଷିତ ତୁଳାର ତ୍ୱକ୍‌ରେ।

ସରସ୍ୱତୀ

ମାଟିତଳେ ଲୁପ୍ତ ନଦୀ, ଅସଂଖ୍ୟ ଚେର ଯାହାର ଶୋଷି
ଲାଗିଥା'ନ୍ତି ସେଇ ଗୋଟିଏ ଉଦ୍‌ଗିରଣର ଉତ୍ସ ପୃଥିବୀ ଗର୍ଭରୁ
ଯେଉଁଠି ଇଲେକ୍‌ଟ୍ରୋନିକ୍ ଝଞ୍ଜାବାତ ଭଳି ପଡ଼ିଥା'ନ୍ତି ନଦୀମାନେ,
ମରୁଭୂମିମାନେ ବଢ଼ିଚାଲିଥା'ନ୍ତି ପ୍ରତିଦିନ। କିନ୍ତୁ କ'ଣ ହୁଏ ତା'ପରେ

କେହି ଜାଣେନି ମାତେ ତମର ନିରବତାର ଧାତୁରୁ ତିଆରି ହୁଏ ଉତ୍ସ,
ଯେଉଁଥିରୁ ଉତ୍ସରିତ ହୁଅନ୍ତି ଶବ୍ଦଗଣ ଓ ଯେଉଁଥିରେ ଫୁଟେ
ବାଣୀ ଶୁଭ୍ରତମ, ଶୁଦ୍ଧ ପଞ୍ଚଭୂତର କୁମାରୀତ୍ୱ, କୃତଜ୍ଞ ନୁହେଁ ସେ
କାହା ନିକଟରେ, ସବୁ ପିତଳ ଦ୍ୱାରର ଦାରା, ଯିଏ ଭାଷା ପାଏ
ବତିରେ ଜଳି ଉଠିଥିବା ଆଲୁଅ ଓ ପାଉଁଶରେ। ଝରିଯାଏ
ଆହା ଝରିଯାଏ ଥୁଣ୍ଟାମୂଳ ଓ ପଥର ଉପରେ। ହେ ମାତେ,
ଛେଉଣ୍ଡର ମା', ଲାଖିଚି ମୁଁ ବାରିକେଡ୍‌ରେ।

ମୋତେ ନୂଆ ଦସ୍ୟୁର ରୂପ ଦିଅ ମାତେ, ମୋତେ
ସାଇବର୍ ସ୍ପେସ୍‌ର ଘାତକମାନଙ୍କ କବନ୍ଧ ସହିତ
ଲଢ଼ିବାକୁ ଦିଅ, ଶ୍ରମ ପାଇଁ ପ୍ରସ୍ତୁତ ହୁଏଁ ମୁଁ!

କାଳପୁରୁଷ

ଦିନେ ନା ଦିନେ, କେବେ ନା କେବେ ଶେଷ ହୋଇଯିବ
ସମୟ। ଆପଣ ବସିଥିବେ ଆପଣଙ୍କର ଆମ୍ବ-ନିମ୍ବ-କଦମ୍ବ
ବଗିଚାରେ, ବେଂଚ ଉପରେ ଆଉଜି, ଦୁଇଗୋଡ଼
ଲମ୍ବେଇ ଦେଇଥିବେ କେଲୁ ପଧାନ ପିଠି ଉପରକୁ, ନଇଁନଇଁକା
କେଲୁ ଟୁଙ୍କି ଚାଲିଥିବ ଘାସରୁ, ଆପଣଙ୍କ ପାଟିରୁ ଖସିପଡ଼ିଥିବା

ଚିନାବାଦାମଙ୍କ ମଂଜି। ହଠାତ୍ ଠପ୍ପ ହୋଇଯିବ ସମୟ। ଘଣ୍ଟା
ଆଉ ବାଜିବନି ଢଂ, ଗୁଳି ଆଉ ଫୁଟିବନି ଢୋ'। ବନ୍ଦ୍
ହୋଇଯିବ ଢୋଲ ଢାଉଁଢାଉଁ, ଥମିଯିବ ଝାଂଜ ଝାଉଁଝାଉଁ।
ଅଖଣ୍ଡ ନିରବତା ଭିତରେ କେଲୁ ପଧାନର ରଡ଼ିରୁ
ଦୁନିଆ ଜାଣିବ ଯେ ଆପଣ ଚାଲିଗଲେ ଆରପୁରକୁ।

ଆପଣଙ୍କ ସମୟ କେତେବେଳେ ସରିବ, ଆପଣ ଜାଣନ୍ତି ନାହିଁ,
କିନ୍ତୁ କେଲୁପଧାନ ଜାଣେ କେତେବେଳେ ତା' ପିଠି ଉପରେ
ବନ୍ଦ୍ ହୋଇଯିବ ଆପଣଙ୍କର ଗୋଡ଼ ଦୁଇଟିର ହଲିବା ଓ

ତା' ସହିତ ବନ୍ଦ୍ ହୋଇଯିବ ଆପଣଙ୍କ ସମୟର ହୋ ହଲ୍ଲା
ବିନ୍ଧାଛିଟିକା, ଦାନ ଖଇରାତ୍, ବିଧା ଗୋଇଠା।

ଓଡ଼ଗୋପାଳର ଟପ୍ପା

(ବଙ୍ଗଳା କବିତାର ଜଣେ ଓଡ଼ିଆ ଆଦିପୁରୁଷ ଗୋପାଳ ଉଡ଼େଙ୍କୁ)

ଉଡ଼େ ଗୋପାଳ, କେମିତି ଉଡ଼େ ?
ଆକାଶ ଛୁଏଁ, ଭୂଇଁରେ ପଡ଼େ
ଧୂଳିରେ ଗଡ଼େ, ଧୂଆଁରେ ଉଡ଼େ
ଲୋକ ଦେଖିଲେ
ପଗଡ଼ି ଭିଡ଼େ
କେହି ନ ଥିଲେ ଘୁମେଇ ପଡ଼େ ।

ଗଙ୍ଗା କୂଳରେ ଆଉ ଘଡ଼ିଏ ! ତ୍ରିବେଣୀ ଘାଟରେ
ପଙ୍କରେ ପୋତା ପାହାଚ ଉପରେ ପାଦରଖି ଆସ୍ତେ ଆସ୍ତେ
ଆକାଶକୁ ଉଠୁଚି ତ୍ରୟୋଦଶୀର ଚନ୍ଦ୍ର । ଆଉ ଘଡ଼ିଏ..

ତା'ପରେ ଆସିବ ଦେଶରୁ ମହକ ନୂଆଗୁଡ଼ର, ଦି'ଫାଳ ହବ
ନଡ଼ିଆ, ବୁଣି ହୋଇଯିବ ଅଧେ ଚୁଡ଼ା କାଦୁଅରେ, ଆଉ ଅଧେ
ରହିଯିବ ଚିରକାଳର ସନ୍ତକ ହୋଇ କସରା ଗାମୁଛାରେ,
ଗୋପାଳ ଉଡ଼େ ଖାଲିପେଟରେ ଗୀତ ଫାନ୍ଦିବ, ଆଉ ଘଡ଼ିଏ

ରହିଯା' ଗଙ୍ଗାଜଳ ଆଞ୍ଜୁଳାରେ, ଗୀତ ଗାଉ, ପଦରେ ପଦ ପକାଇ
ଉତାଳ ହେଉ ଗୋପାଳ ଉଡ଼େ ପିତୃଜନଙ୍କ ପାଇଁ, ଇତର
ବାସ୍ତବତାରୁ ବାହାର କରୁ ଛନ୍ଦ ସହଜ ମାଧୁର୍ଯ୍ୟର। ବଙ୍ଗଳାର

ମାଟିରେ ପୋତାହୋଇ ରହୁ ଓଡ଼ିଆ, ଭବିଷ୍ୟତର
ଥଙ୍ଗାନକଲ, ଟାହିଟାପରା ଓ ବିଗଳିତ ଆତ୍ମୋତ୍ସର୍ଗଙ୍କୁ
ନାଁ ଦେବା ପାଇଁ କବିତାର। ରହୁ ପୁରୁଣା ଓଡ଼ିଆ ଗାଁର
କୃଷ୍ଣପକ୍ଷର ଘଡ଼ିଏ ଅନ୍ଧାର ଫଟାରସିକଙ୍କ ରଙ୍ଗସଭାରେ।

ଗୋପାଳ ଉଡ଼େ, କେମିତି ଉଡ଼େ ?
ସତରେ ଉଡ଼େ !
ମିଛରେ ଉଡ଼େ
କାଳକାଳକୁ କାହାଣୀ ଗଢ଼େ
ତାଳକୁ ନେଇ ତିଳଟି ଉଡ଼େ !

ଗଣତନ୍ତ୍ର ପାଇଁ ଦୁଇଟି କବିତା

ଦମାସ୍କ : ଆଉ କେବେ

ଆଜି ନୁହେଁ, ଆଉ କେବେ। ଆଜି ଉତ୍କଟ
ଗନ୍ଧ ପବନରେ, ହୋଟେଲ୍ ଝରକାରୁ ରାସ୍ତାକୁ
ଚାହିଁ ଠିଆହୋଇଚି ଶଙ୍କର ବେହେରା, ପୁରୁଣା

ଖବରକାଗଜ ଗୁଡ଼ାହୋଇଥିବା ଗୋଟେ ପ୍ୟାକେଟ୍
ତାକୁ ଧରେଇ ଦେଇଯାଇଚି କେହି ଜଣେ, ତା' କାନରେ
ଫିସ୍ ଫିସ୍ କରି କହି ଦେଇଯାଇଚି ସାବଧାନ ବୋମା ଅଛି ଏଥିରେ!

ବୋମାର ନିଷ୍କ୍ରିୟତା ଭଳି ଗୋଟେ ପବିତ୍ର ଅସ୍ୱସ୍ତି
ସାଁ ସାଁ ହେଉଚି ତା' ଭିତରେ, ରାସ୍ତାର ଅବରୋଧ ଭଳି
ଗୋଟେ ଅସହଜ ପ୍ରାର୍ଥନା ଚିପିଧରୁଚି ତା'ର କଣ୍ଠନଳୀ,

ସେ ଚାହିଁପାରୁନି ତଳକୁ। ଆଖି ବୁଜି ହୋଇଯାଉଚି ଭାବିଲେ ଯେ
ସେଇନେ ରାସ୍ତା ଅତିକ୍ରମ କରି ସେପଟରୁ ଏପଟକୁ ଆସୁଥିବ
ପୃଥିବୀର ଆଉ ଗୋଟେ ଗର୍ଭିଣୀ ସ୍ତ୍ରୀ

ଗଣତନ୍ତ୍ରକୁ ଜନ୍ମ ଦେବାକୁ ବିଚ୍ ବଜାରରେ!

କାହିରା : ଦିନେ ନା ଦିନେ

ପେଟ ନଚେଇବା ବନ୍ଦ କରି ନର୍ତ୍ତକୀ ଆସି ଠିଆହେଲା
ଶଙ୍କର ବେହେରା ସାମ୍ନାରେ। ମୁହଁ ତଳକୁ କରି ଶଙ୍କର
ତା'ର ମଦଗ୍ଲାସ୍ ଭିତରେ ଜଳୁଥିବା ନିଆଁକୁ ଚାହିଁଲା,

ପୁଣି ମୁଣ୍ଡଉଠେଇ ଚାହିଁଲା ସରୁ ସରୁ ହାତଗୋଡ଼ ଦି'ଖଣ୍ଡ
ଚୁଲିରେ ମୁହାଁଇ ଦେଇ ନିଆଁ ପୋଉଥିବା ସ୍ତ୍ରୀଟିକୁ। ଯା'ପରେ
ଆଉ କିଛି ଘଟିବାର ନ ଥିଲା। ଭୋକିଲା ମଣିଷର
ହୃଦୟ ଭଳି ଅର୍ଥହୀନ ହୋଇ ଆସୁଥିଲା କାହିରାର ରାତି, ଶଙ୍କର
ବେହେରା

କାଲି ସକାଳକୁ ଫେରିଯିବ ଇଣ୍ଡିଆ। ନର୍ତ୍ତକୀ
ପେଟ ନଚେଇବ ଆଉ କିଛି ବେଳ। ନିଶାରେ ଚୁର୍ ହୋଇ

ହୋଟେଲ୍‌ର ଖଟରେ ଗଡ଼ିପଡ଼ିଲା ବେଳେ, ଶଙ୍କରର ଆଖିରେ
ଥିବ କେବଳ ଗୋଟିଏ ପେଟ, ଯାହାକୁ ଜାଣିପାରିନି ମନ,
ଯାହାକୁ ଛୁଇଁପାରିନି ଶାସ୍ତ୍ରପୁରାଣ, ଯାହାକୁ ନାଁ ଦେଇପାରିନି

ନାଚି ନାଚି ଅଥୟ ସ୍ତ୍ରୀଲୋକଟି, ଯାହାକୁ ଯୌନତାରେ
ବଦଳାଇ ପାରିନି କାହିରାର ଉଚ୍ଛୃଙ୍ଖଳ ରାତି। କେବେ ଦିନେ ଗଣତନ୍ତ୍ର
ଆସିବ ତ ଆସୁ! ପେଟ ନଚେଇବା ଓ ପେଟ ପୂରେଇବା ଭିତରେ
ରହିଯାଇଥିବା ଶଙ୍କର ଭଳି ଲୋକଙ୍କ ମୁଣ୍ଡ ଭିତରେ ଏ ମିଛ ଯେ
ବିପୁଳ ଏ ପୃଥ୍ୱୀ, ଅନେକ କିଛି ଦେଖିବାର ଅଛି ଏଥିରେ!

ରାଜନୀତି ପାଇଁ ଯୋଡ଼ିଏ କବିତା

ରାହାମାରେ କାବ୍ୟପାଠ

ଏମାନେ କବି ନୁହନ୍ତି, ଏମାନେ ସତ୍ୟର ଲାଠିଆଳ
ମାଟିଉଠା ଟ୍ରକ୍‌ଡାଲାରେ ବୁହାହୋଇ ଆସିଚନ୍ତି
ଲେଫ୍‌ଟ୍ କେନାଲ୍ ଏରିଆରୁ ରାହାମା, ଭଣ୍ଡୁର କରିବା ପାଇଁ
କବିମାନଙ୍କ କାବ୍ୟଚର୍ଚ୍ଚା, ବଞ୍ଚେଇବା ପାଇଁ ପୃଥିବୀକୁ
ଉପମାର ଆତଙ୍କରୁ। ଇଏ ଶୁକ, ଇଏ ଗୋପ, ଇଏ କପିଳ,
ଇଏ ଅଲି, ଇଏ ଇସା!

ଏମାନେ ସମସ୍ତେ ଜାଣନ୍ତି ଭୁଜାଲି ଚଳାଇ, ସମସ୍ତେ ଜାଣନ୍ତି
କେମିତି କଟାଯାଏ କବିତାର ଲତାକୁ ମୂଳରୁ, କେମିତି
କୁହାଯାଏ ରୋକ୍‌ଠୋକ୍ -

ଏମାନେ ଜାଣନ୍ତି କେମିତି କୁହାଯାଏ କିଛି ନ କହି
ଧନ୍ୟବାଦ ମାଲିକ୍ ଲତାମୂଳର କନ୍ଦ ପାଇଁ!

କାଏମା ବଜାରରେ ଷଣ୍ଢ ଲଢ଼େଇ

ବଜାର ତ ବଜାର, କାଏମା ବଜାର! ରାଏ ବାବୁ
ଦେଖନ୍ତୁ ସେ ଟୋକାଟାକୁ, ଦେଖନ୍ତୁ ତା' ଛାଇ! ହେଇ ସେଠି

ଉଜୁଡ଼ିଗଲା ଆଳୁର ଦୁର୍ଗ, ସେଠି ଛିନ୍‌ଛତ୍ର ପିଆଜର
ବୁର୍ଜ୍, ଷଣ୍ଢ ମୁହାଁଇଚି ଫୁଲକୋବିମୟ ଜଗତ ଆଡ଼କୁ

ତାକୁ ଟକ୍କର ଦେବା ପାଇଁ ବାହାରିଚି ଟୋକାଟା, ତାକୁ ଅଟକେଇବା?

ଏଣେ ଦେଖନ୍ତୁ ଏ ବିଡ଼ାଏ କୋଶଳାକୁ, ସାରା ବଜାରରେ
ଏମିତି ବିଡ଼ାଏ କୋଶଳା ନାହିଁ ଆଜ୍ଞା, ଇଏ ବଞ୍ଚିଚି
ଷଣ୍ଢ ପାଟିରୁ। ଷଣ୍ଢ ଧପାଲିଚି ଫଁ ଫଁ ହୋଇ,
ଶିଙ୍ଗରେ ମାଟି, ପାଟିରେ ଫେଣ। ସେ ଟୋକାଟା କାହିଁ?

ୟା ନାଁ ବଜାର ରାଏବାବୁ, ଟଙ୍କା ଥିଲା ଯାଏଁ କିଣୁଥିବା
ଆମେ କିଣୁଥିଲା ଯାଏଁ ଥିବ ବଜାର। ବଜାର ଛାଡ଼ି
ଯାଇପାରିବାକି ବଞ୍ଚେଇବା ପାଇଁ ସେ ଉଦ୍‌ବୀର୍ଯ୍ୟ ଟୋକାଟାକୁ ଷଣ୍ଢ
ମୁହଁରୁ?

କୋବିପତ୍ରରେ ତଥାପି ରହି ଯାଇଥିବା ଟୋପାଏ କାକର ଝରିପଡ଼ିବା
ଆଗରୁ
ଯଦି କହେ 'ହେ ରାମ!'?

ଆମେ କୋଉଠି ଲୁଚେଇବା ମୁହଁ? କାହାକୁ ଡାକିବା 'ପୁଅ'?
କୋଉ ଷଣ୍ଢକୁ ପ୍ରେମ୍‌ରେ ଡାକିବା 'ମସ୍ତରାମ୍'?

ରତ୍ନ ପଥର

ମୁଁ ଜନ୍ମରୁ ଅନ୍ଧ। ପୁଅଟି ମୋ'ର ବାୟା
ରତ୍ନ ପଥରର ବେଉସା ଆମର। ରତ୍ନ ଦିଶେ
ପୁଅ ଆଖିକୁ, ମୁଁ ଚିହ୍ନେ ଛୁଇଁ ଦେଇ।

ପ୍ରତି କୃଷ୍ଣପକ୍ଷ ତୃତୀୟାରେ ମୁଣ୍ଡରେ ଖଣ୍ଡିଆ
ଜହ୍ନ ଖୋସି ଆସେ ଜଣେ ଗ୍ରାହକ, ପୁଅ
ଗ୍ରାହକର ହାତଧରି ନେଇ, ପହଁଚେଇ ଦିଏ
ରତ୍ନପଥର କୁଢ଼ ପାଖରେ। ଯେତିକି ଥାଏ।

ସେତିକି ନେଇ ପଳାଏ ଗ୍ରାହକ ତା'ର ବ୍ୟୋମଜାନରେ
ଫେରିକିନା। ମୁଁ କବାଟ କିଳିଦିଏ ଭଣ୍ଡାରଘରର,
ଅଣ୍ଟାରେ ଚାବି ଖୋସେ। ପୁଅ ଓ ମୁଁ ହସୁଁ ବହେ।

ରାତି ପାହିଯାଏ। ଆମ ବେପାରରେ ଶୋଇବା ମନା।
ଆମେ ସାରାରାତି ଲାଗିଥାଉ କାମରେ। ମାସକ ଯାକର
ଜମା ସେଇ ଗୋଟିଏ ଉଁଆସୀ ତିଥି ପାଇଁ ବେଉସା
ସେଇ ଗୋଟିଏ ଲୋକ ସାଂଗରେ ଯିଏ ଭାଲପଟରେ।

ନେଇ ଆସିଥାଏ ଖଣ୍ଡିଆ ଜହ୍ନ। ମୋ' ପୁଅ ତାକୁ
ଚିହ୍ନେ। ମୁଁ କେବଳ ଅନୁଭବ କରେ
ଘଡ଼ିମାରି ଉଠୁଥିବା ଗୋଟେ ଜହ୍ନର ହୃତସ୍ପନ୍ଦନ
ମୋ ଚାରିଆଡ଼େ। ଶୁଣେ କ୍ଷୟର ଖଁ ଖଁ

ଏହିଭଳି ରତ୍ନରେ ବଦଳୁଥାନ୍ତି ରୁଗ୍ଣ ପୃଥିବୀର ଗୋଡ଼ିପଥର
ଅନ୍ଧ ଓ ଅବୋଧମାନେ ଲାଗିଥାନ୍ତି ବେଉସାରେ।

ଦୁନିଆରେ ସଂପଦ ନାହିଁ ବୋଲି କହନା ବନ୍ଧୁ, ଅନ୍ଧ ଓ ଅବୋଧ
ଜାଣନ୍ତି ପୃଥିବୀ ସାରା ବିଛେଇ ହୋଇ ପଡ଼ିଚି ରତ୍ନପଥର
ପୁରୁଷ ପୁରୁଷ ଧରି ଅନ୍ଧ ଓ ଅବୋଧମାନେ ଅର୍ଜି ଚାଲିଚନ୍ତି, ଯେଉଁ
ଅମାପ କ୍ଷୟ, ସେଇଥିରେ ଭରିଚାଲିଚି ଭଣ୍ଡାର, ଭରିଚାଲିବ
ପୃଥିବୀ ଥିଲା ଯାଏଁ, ଥିଲା ଯାଏଁ ଅନ୍ଧ ଓ ଅବୋଧ !

ସଇତାନ

ନିଖିଳର ଅନୁରାଗ ମୋତେ ରଂଗେଇ ରଖିଛି ବେଶ୍
ଏ କଇଁଥା ନୋଳାଫଟା ଦାଗ ବି ତାହାରି କଳା
ପ୍ରାର୍ଥନାର ଅନ୍ଧାର ଭିତରେ ତମର କଳାକାରୀ ଓ୍ୟାଃ ଓ୍ୟାଃ

ପିଠିରେ ଜନ୍ମଜନ୍ମ ଧରି ବୋହିଚି ତମର ପଥର, ହୃଦୟ ମାରି
ବଢ଼େଇଚି ବଧଭୂମିର ଶୋଭା, କେବେତ ଲାଗିନି
ବ୍ୟର୍ଥ ହୋଇଯାଇଚି ଜୀବନ, କେବେତ ଲାଗିନି

ମୁଁ ହୋଇପାରିନି ଯଥେଷ୍ଟ ଗୋଲ୍‌ଗାଲ୍, ଯଥେଷ୍ଟ ଲାଲ୍
ବଳିର ଲାଏକ ଲକ୍ଷଣଯୁକ୍ତ, ସୁଠାମ। ଯିଏ ଦେଖିଚି
ସିଏ କହିଚି ବଢ଼ିଆ ଓ ମୁଁ ଫୁଲେଇ ଦେଇଚି ଛାତି,
ଦେଖେଇ ଦେଇଚି ବେକ! ଯିଏ ଚାହିଁଚି ସିଏ ବସେଇଚି
ଚେଟ, ମୁଁ କେବେବି କହିନି ଆଃ।

ମୁଁ ନିରୀହ ନୁହେଁ, ମୁଁ ପାଗଳ ନୁହେଁ, ମୁଁ ପକ୍କା ସଇତାନ
ମୁଁ ଜାଣେ ଦେହ ଜଳିଗଲେ ପାଉଁଶ, ମନ ଜଳିଗଲେ ନିଆଁ।

ବିସର୍ଜନ

ମୁଁ ଜାଣେନାହିଁ କେମିତି ଘଟିଗଲା ଏସବୁ, କେମିତି
ହଠାତ୍ ଆରମ୍ଭ ହେଲା ପାଉଁଶ ବର୍ଷା ଓ ବଢ଼ିବା ଆରମ୍ଭ କଲେ
ଅସଂଖ୍ୟ ବିଷାକ୍ତ ଗୁଳ୍ମ, ମୁଁ କେମିତି ବୁଡ଼ିଗଲି, ଆବଶ୍ୟକତାର
ରେଲିଂଟିଏ ନଥିଲା ବୋଲି ପ୍ରଳୟରେ।

ଯାହାକିଛି ଅର୍ଥହୀନ, ଯାହାକିଛି ଉତ୍ତେଜନାମୟ, ଯାହାକୁ ନେଇ
ଗଢ଼ା ଆମର କାବ୍ୟସଂସାର ଓ କାନୁନ, ଯାହାର ପଙ୍କ ମାଟିରେ ପଡ଼ି
ଶଢ଼ିଯାଏ ବସ୍ତୁର ଭଣ୍ଡାର, ସେମାନେ କହନ୍ତି କିଛି ?

ଯାହା କହିଲେ ବି-
ଖତଗଦାରେ ପତ୍ର ଶଢ଼ିଲା ଭଳି ବା ବୁଢ଼ାଜହ୍ନ ଜଙ୍ଗଲକୁ
ହଁ କହିଲା ଭଳି କିଛି ଯାଏ ଆସେ ନାହିଁ, ଏମିତିକି
ବସ୍ତୁ ନଷ୍ଟ ହେଲାପରେ ବସ୍ତୁର ଭୟବି ଡରାଏନି। ଜଣାକଥାର
କଳସରେ ଭରିଦିଆଯାଇଥିବା ପାଉଁଶ ବିସର୍ଜିତ ହୋଇଯାଏ ସମୁଦ୍ରରେ।

ମଦଭାଟି

ମୁଁ ଜାଣେନି କେବେ ଓ କାହିଁକି ଲେଖାହେଲା
ଏ କବିତା, କେବଳ ଜାଣେଯେ, ଏ କବିତା ଲେଖାହେଲା
ବେଳକୁ ବାରଣ୍ଡାରେ ଗୁମ୍ ହୋଇ ବସିଥିଲା ରାତି, ବର୍ଷା
ଛାଡ଼ିଯାଇଥିଲା ଓ ଜହ୍ନ ଉଠିବ କି ନ ଉଠିବ ଜଣାନଥିଲା ।

ରାସ୍ତାରେ, ମୋ'ର ବିମ୍ବମାଳାରେ ସମୃଦ୍ଧ ମଦଭାଟିରୁ
ଫେରୁଥିଲା ରାତିର ଶେଷ ମାତାଲ୍, ନିଜର ଛାଇକୁ ଝୁଣ୍ଟି
ଲହୁଲୁହାଣ ହୋଇ, ଛାଇର ଟେକା ଉଁଚେଇ, ଛାଇକୁ
ଡାକ୍‌ଡାକ୍ କରି । ଖନିମରା ପାଟିରେ କହୁଥିଲା ସେ-
ବିମ୍ବ ଶଢ଼ିଗଲେ ପୋଢ଼ହୁଏ କବିତାର ।

ତମେ କେବେ ପବନରୁ ବାରିଚ଼ ମୋ' କବିତାରେ ମଦ ରନ୍ଧାହେବାର
ବାସ୍ନା ? ଯାଅ ତମେ ଭିତରର ଆହୁରି ଭିତରକୁ ଯାଅ, ସେଠି
ଗୋଟେ ଜଂଗଲ ଭିତରେ ବୁଦା ଆଢୁଆଳରେ ରନ୍ଧା ହେଉଚି ମଦ,

ଶାଳପତ୍ରର ଠୋଲାଧରି ଠିଆ ହୋଇଚନ୍ତି ଇନ୍ଦ୍ର, ଅଗ୍ନି, ମରୁତ୍
ବରୁଣ ଓ ବିଶ୍ୱଦେବ। ମୁଁ ବି ସେଠି ଦେବତାଙ୍କ ବେଶପକାଇ
ଦେବତାମାନଙ୍କ ଗହଣରେ, ଶତ୍ରୁ ସେମାନଙ୍କର !

ଏଇମିତି ତିଆରି ହୁଏ ସୋମରସ ଆମ ଦୁନିଆରେ। ମହୁଲିକୁ
ସୋମରସ କରିବା ପାଇଁ ଲୋଡ଼ାହୁଏ ଗୋଟେ ସତ୍ୟବାଦୀ ମାତାଲ୍‌ର ଓ
ତାକୁ ବନ୍ଦ ବୋତଲରେ ଚଳେଇବା ପାଇଁ ଲୋଡ଼ାହୁଏ ମୋ'ଭଳି
ଗୋଟେ ମିଥ୍ୟାବାଦୀ କବିର !

ଉପ-ଇତିହାସ

ପାହାଡ଼ ଉପରୁ ଗଡୁଛନ୍ତି ଧାଡ଼ିଧାଡ଼ି ଦଳେ ଲୋକ। ତଳେ
ହାଟ। ସେଠି ହଳଦୀ ବଦଳରେ ମିଳେ ଲୁଣ, ହରିଡ଼ା
ବଦଳରେ ହାଣ୍ଡିଆ, ଦେହ ବଦଳରେ ଲୁଗା। ବିନିମୟରେ

ଛାଇଆଲୁଅରେ ଝାଳନାଳ ହୋଇ ସେମାନେ ଫେରନ୍ତି ଘରକୁ
ଧାଡ଼ିଧାଡ଼ି, ପାହାଡ଼ବଢ଼ି। ସରିଯାଏ ବିଶ୍ୱକେଶର ଫିଲ୍‌ଡ୍‌ୱାର୍କ।
ଏମିତି କାହିଁକି ହୁଏ? ଏମିତି ଗୋଟେ ଅବାଗିଆ ପ୍ରଶ୍ନ
ସାଇକଲ ଚକଭଳି ଗଡ଼େ ପାହାଡ଼ତଳି ଗାଁର ଧୂଳିରାସ୍ତାରେ
ବିଶ୍ୱକେଶ ଲଖିମ୍‌ପୁର ପହଁଚ଼ିଲା ଯାଏଁ।

ଧର୍ମଦୁଆର ଘାଟୀ ଉପରୁ ମହାଜନ ମୁଠା ମୁଠା ସୁନା ବିଂଚ଼ିଦେଇ
ଓହ୍ଲାଇଯା'ନ୍ତି ଆରପଟେ, ଏପଟେ ଛାଇ ଛାଇ ଅନ୍ଧାର ଭିତରେ
କୋଉଠି ଗୋଟେ ଫୁଲ ଫୁଟିଥିବାର ମହକ ବାଜେ
ବିଶ୍ୱକେଶର ନାକରେ। ବାଜେ ଫୁର୍କୁଟିଆ ବଣଜନ୍ତୁର ଗନ୍ଧ।

ସାଇକେଲର ଗତି ବଢ଼େ। ଗୋଡ଼ରେ ଟାଙ୍କି ହୋଇଆସେ ଶିରା
ଆଉ କେତେ ସମୟ ପରେ ଉଠିବ ଜହ୍ନ? କେବେ ସରିବ ବାଟ?

ଯାହା ଜଣାଅଛି ଆଗରୁ, ତାକୁ ପୁଣିଥରେ ଜାଣିବା ପାଇଁ
ପ୍ରସ୍ତୁତ ହୁଏ ବିଶ୍ୱକେଶ ମନେମନେ, ମନେମନେ ଲେଉଟାଏ
ପୁରୁଣା ବହିର ପୃଷ୍ଠା, ଟିପରେ ଛୁଏଁ ଘୁଣଧୂଳି, ଭାବେ :
ଏତେ ସବୁ ଜଣାକଥା, ଏତେଶୀଘ୍ର ଭୁଲି ହୋଇଗଲେ କେମିତି?

କେମିତି କେହି ଜାଣିପାରିଲେନି ଯେ ମଣିଷ ଯାହା ଋହେଁ
ତା'ଠାରୁ ଅଧିକ ଲୋଭନୀୟ ଯାହା ସେ ପାଇଋଲେ ନମାଗି,
ପାହାଡ଼ରୁ ତଳକୁ ନ ଓହ୍ଲାଇ, ଅଦଳବଦଳ ନକରି!

ରବୀନ୍ଦ୍ର ସଙ୍ଗୀତ

କ୍ରୂର ଏ ସୂର୍ଯ୍ୟାଲୋକରୁ ରକ୍ଷା ନାହିଁ ଗୁରୁ
ମୋ ଭିତରେ ଏ ଭରିଦେଇ ଯାଉଚ୍ଚି ହଳଦିଆ
ରଙ୍ଗର ଅଜଣା ଫେଣ, ପିତ୍ତ ଭଳି ପିତା, ଶସ
ଏକ ବିଚ୍ଚିତ୍ର ରସାୟନର, ହଠାତ୍ ପାଚ୍ଚିଯିବାର।

ଋହିଁ ଋହିଁ ଜରାଗ୍ରସ୍ତ ହୋଇଯାଏ ଝରକା,
ହାଡ଼ର ଦ୍ୱାରରେ ଅର୍ଗଳ ପଡ଼ିଯା'ନ୍ତି, ଗୋଟିଏ
ପରେ ଗୋଟିଏ, ଏ ରୌଦ୍ରତାପର ମାର୍ତୁଲ୍
ଚୂରମାର କରେ ସବୁକିଛି, ଉପ୍ରୋଧ ନାହିଁ ତାର।

କେବଳ ତମର ଗୀତ ବଞ୍ଚିରହେ ଗୁରୁ, ଆତ୍ମା ମୋର
ଋହେଁ ତା'ର ସାଗର-ନୀଳ ସ୍ୱରର ସାନ୍ତ୍ୱନା, ଯେଉଁ
ସ୍ୱରର ଛାୟା ଲମ୍ବିଯାଏ ଚକ୍ରବାଳ ଯାଏଁ, କିନ୍ତୁ
ସେ ବି ପାରେନାହିଁ। ମୁଁ କାନ୍ଦେ ଶିଶୁଭଳି, ଅବୁଝା, ଅବୋଧ,
ମରୁଭୂମିର ଜହ୍ନମୋର ପଡ଼ିଥାଏ ତମର ବିପୁଳ କୋଳରେ
ଗୋଟେ ତରଭୁଜ ଭଳି, ନର୍ଦ୍ଦମାର କୀଟ ତାକୁ ଋହେଁ,
ବଡ଼ କଷ୍ଟ ତମର ଗୀତ ଗାଇବା ଗୁରୁ, ସବୁ ମର୍ମଥରା
ଗୀତ ଭିତରେ ତମେ ଛାଡ଼ି ଦେଇଥାଅ ଗୋଟେ ଅଶ୍ରୁତ ମୂର୍ଚ୍ଛନା,
ସବୁ ଗାୟକଙ୍କ ଭିତରେ ରହିଯାଏ ଗୀତର ଭୟ।

ଯେଉଁ ସୂର୍ଯ୍ୟାଲୋକିତ ପଥରେ ତମେ ବତାଇଲ ବାଟ
ସମୁଦ୍ରକୁ, ହୋଇ ଯାଇଛି ବିପଦ ସଙ୍କୁଳ ପ୍ରତି ମୋଡ଼
ସହିତ। ପୁଞ୍ଜେ ତାଳଗଛ ଲାଗିଚ୍ଛନ୍ତି ଷଡ଼ଯନ୍ତ୍ରରେ ଓ
ଶୁଭ୍ର କଇଁଫୁଲରେ ଦିଶୁଛି ଏକ୍‌ଜିମାର ଘା' ଏବଂ ଲସା।
ଭାଙ୍ଗି ପଡୁଛି ମୋ'ର କ୍ଷୁଦ୍ର ପୃଥିବୀ ଗଢ଼ିହେବା ଆଗରୁ,
ତମର ଗୀତକୁ ଘେରି ତମର ଆଶା।

ରଦ୍ଦି ମାଲର ସୌଦାଗର, ମାଗୁଛି ମୋତେ
ତମର କୀଟଦଂଷ୍ଟ କବିତା, ମୁଠାଏ ରୁପା ବଦଳରେ। ଦେବି ?
ଅର୍ଜିନେବି ନିମିଷକରେ ଫିଲାଡେଲ୍‌ଫିଆକୁ ଟିକେଟ୍ ?
ନା, ପ୍ରତ୍ୟାଖ୍ୟାନ କରିବି ତାକୁ, ବସିରହିବି ତମେ ଜଳାଇଥିବା
ପୋଲାଙ୍ଗ ତେଲର ଦୀପ ପାଖରେ
ବଂଚେଇ ରଖିବା ପାଇଁ ତା'ର ମୁମୂର୍ଷୁ
ଶିଖାକୁ ସକାଳ ହେଲାଯାଏଁ ?

ମୁଁ ଜାଣେ ମୁଁ ତମର କବିତାକୁ ସହେ
ଛାତି ଭିତରର କ୍ଷତଭଳି, ମୁଁ ଜାଣେ ମୁଁ କାନ୍ଦେ
ଯେବେ ଯେବେ ଲହରି ଆସେ ପଦେ ତମର ଗୀତରୁ,
ମୁଁ ଜାଣେ ପୃଥିବୀ ମୋ'ର ସେଇ ମରୁଚନ୍ଦ୍ରମା, ଯିଏ
ପଡ଼ିରହେ ବିପୁଳ କୋଳରେ ତମର ତରଭୁଜଟିଏ ଭଳି,
ମୁଁ ଜାଣେ କେଡ଼େ ଅସମ୍ଭବ ତମର ଗୀତ ସହିତ ଜୀଇଁବା।

କିନ୍ତୁ ଗୁରୁ, ମୁଁ ତ ବିନିମୟ ପାଇଁ ପ୍ରସ୍ତୁତ ହେଇନି ଏଯାଏଁ !
ମୁଁ କୌଣସି ମତେ ଦେବିନାହିଁ ତମର ଗୀତ,
ମୁଠାଏ ରୁପା ବଦଳରେ !

ରୁହ ଗୁରୁ ରୁହ ମୋ' ସାଥିରେ ଓ ଦେଖ ମୁଁ କେମିତି
ଖଣ୍ଡ ଖଣ୍ଡ କରି ଖାଇବା ଯୋଗ୍ୟ କରି କାଟିବି ଏ ତରଭୁଜକୁ ଓ
ଖୁଆଇ ଦେବି ସମୁଦ୍ରକୁ, ଠିକ୍ ତମରି ଭଳି !

ଜେରୁଜାଲେମ୍

ଜେରୁଜାଲେମ୍‌ରେ ମରିଗଲା ଜଣେ ପ୍ରେମିକା,
କାରଣ ସେ ଜାଣିନଥିଲା ହିବ୍ରୁ ।

ଜେରୁଜାଲେମ୍‌ରେ ମରିଗଲା ଜଣେ ସୈନିକ
କାରଣ ସେ ଜାଣିନଥିଲା ଶତ୍ରୁ ।

ଜେରୁଜାଲେମ୍‌ରେ ମରିଗଲା ଜଣେ କବି
କାରଣ ମରୁଭୂମିକୁ ସେ ଭାବିନେଲା ସମୁଦ୍ର ।

କାହାର ଶବ କିଏ ବୋହିବ ଜେରୁଜାଲେମ୍‌ରେ ?
ମଲାଲୋକର ଶତ୍ରୁ କିଏ ଜେରୁଜାଲେମ୍‌ରେ ?
କିଏ ପ୍ରାର୍ଥନା, କିଏ ଈଶ୍ବର ଜେରୁଜାଲେମ୍‌ରେ ?

ମନ୍ଦିର ଭିତରେ ଜଳୁଚି ପବିତ୍ର ଅଗ୍ନି । ଦ୍ୱାର ବନ୍ଦ୍
ମନ୍ଦିରର, କାରଣ ଦ୍ୱାର ଉପରେ ଜଣେ କିଏ
ମାରି ଦେଇଯାଇଚି ଲଙ୍ଗଳା ସ୍ତ୍ରୀଲୋକର ଛବି ।
ବଜାର ବନ୍ଦ୍, ବଜାର ବନ୍ଦ୍, ଧଡ଼୍‌ଧାଡ଼୍ ପଡ଼ି ଚାଲିଚି ଶଟର୍ ।

କିଣେ କିଏ, ବିକେ କିଏ ଜେରୁଜାଲେମ୍‌ରେ ?
ଧର୍ମ କିଏ, ଧରା କିଏ ଜେରୁଜାଲେମ୍‌ରେ ?

ପଲିଥିନ୍‌ର ଖୋଳ ତଳେ ଫୁଟିଚାଲେ ଗୋଲାପ,
ଫୁଲିଚାଲେ ବନ୍ଧାକୋବି । ତୋରାଃରୁ ବାହାରେ
ଜଳସେଚନ, କୃଷି, ଉତ୍କର୍ଷ ଓ ଘୃଣା !

ଜେରୁଜାଲେମ୍‌ରେ ଏଇନେ ଅଟକିଚି ସଭ୍ୟତାର ଟ୍ରେନ୍
କାରଣ ଜେରୁଜାଲେମ୍ ପରେ ଆଉ ନାହିଁ କୌଣସି ଷ୍ଟେସନ୍ ।

କବୀର

ଦିଅ ତମର ତନ୍ତ ଓସ୍ତାଦ୍
ନିଅ ମୋ'ର ଏ ଗୀତ।

ପଚାରୁଚ୍ ଗୀତ କାହିଁ, କୋଉଠି ମୋ'ର ଗୀତ ?

ତମରି ପାଖରେ ତ ଅଛି ମୋ'ର ଗୀତ
ଯେଉଁକ୍ଷଣି ମୁଁ କହିଲି 'ଦେଲି' ସେହିକ୍ଷଣି ସେ
ପହଞ୍ଚିଗଲା ତମ ପାଖରେ !

ଦବା ଯାହା ନବା ସେଇଆ ନୁହେଁ କି ଓସ୍ତାଦ୍ ?
କେବେ କେବେ ତ ଏ ଦବାଟା
କୋଉ କାମରେ ଗଣା ନୁହେଁ

ସତେ ଯେମିତି ସେ ଖସୁଥିବା ତୁଷାର ପିଠିରେ
ମାଧ୍ୟାକର୍ଷଣର ଶିଳ୍ପ
ଶୂନ୍ୟ ଶଙ୍ଖ ଭିତରର ନାଦରେ ଶିଳ୍ପ
କିରଣ ଫଳକରେ ଧୂଳିକଣାରେ ଶିଳ୍ପ
କାର୍ଯ୍ୟ-କାରଣ ନଥାଇ ନଦୀର ସାଗର-ସଙ୍ଗମର ଶିଳ୍ପ।
ଦବା ଯାହା ଗୀତଟିର ଗୀତଟିଏ ହୋଇରହିବା ତ !
ଯାଠାରୁ ବେଶି କ'ଣ ?

ବା ଯା ବି ହୋଇପାରେ ଓସ୍ତାଦ୍ ଯେ
ଏସବୁ କିଛି ନୁହେଁ
ହାତଟିଏ ହାତ ଖୋଜି ପାଇଲା ଭଳି ଅନ୍ଧାରରେ
କଳାରାତି ଲମ୍ବିଗଲା ଭଳି ଅପେକ୍ଷାରେ
ପୃଥିବୀର ଭାର ବଢ଼ିଲା ଭଳି ଧାନଶିଁଷାର
କ୍ଷୀର ଢୋକିବାରେ। କିଛି ନୁହେଁ
କିଛି ନୁହେଁ ଓସ୍ତାଦ୍ ଏ ଦବା କାମଟି ପୃଥିବୀରେ।

ତେଣୁ ଦିଅ ମୋତେ ତମର ତନ୍ତ ଓସ୍ତାଦ୍
ମୋ ଗୀତ ବଦଳରେ
ଅସଂଖ୍ୟ ସୂତାଖିଅ, ମଣିଷ ହାତରେ
କଟା, ମଣିଷ ହାତରେ ରଙ୍ଗା, ମଣିଷ ହାତରେ ଟଣା,
ଅଛନ୍ତି ବୁଣାକାର ଅପେକ୍ଷାରେ
ଋତୁର ଝରାପତ୍ର ବଦଳୁଚି ମଟାଳରେ,
ଛୁଟିକଟାଇ ଆମେରିକାରେ ତାଙ୍କ ଘରକୁ ଫେରିଲେଣି
ଭାଇବନ୍ଧୁ ମୋର
ମୁଁ ଏଇଠି ଅପେକ୍ଷାରେ, ଦିଅ ତନ୍ତ ଗୀତ ବଦଳରେ।

ମୃତ ତାରା

କାନ୍ଦିବା ବି କେଡ଼େ ହାସ୍ୟାସ୍ପଦ ସତରେ ! ପୃଥିବୀକୁ
ଆସିବା ଓ ଯିବାର ଖେଳ ଭିତରେ କୋଉଠି
ଗୋଟେ କାନ୍ଥକୁ ଆଉଜି ଘଡ଼ିଏ ଠିଆହୁଏ ଲୋକଟିଏ
ଭଂଗୀ ଦେଖାଏ ଭ୍ରୂକୁଟୀ କରେ, ପ୍ରାଣୋଚ୍ଛଳ ହସରେ
କହିଦେଇଯାଏ ବିଦାୟ । ସେତିକି ମନେରହେ ।

ଯିବା ଓ ଆସିବା ମଝିରେ ବିରାଟ ଗୋଟେ ପଡ଼ିଆରେ
ଠିଆ ହୋଇଥାନ୍ତି ଅସଂଖ୍ୟ ଅଭିଳାଷ, ଯିବା ଓ ଆସିବାର
ସମୟ ହୋଇନଥାଏ ।

ଗୀତମାନେ ବଂଚେଇ ରଖନ୍ତି ତା'ର ହସକୁ, ଅର୍ଥ ଦିଅନ୍ତି
ତାର ନିରବତାକୁ, ସେ ଫେରେ ନାହିଁ । ଗୋଟେ ଗଭୀର ସ୍ୱର
ବାରମ୍ବାର ଉଠେ ଅନ୍ଧାର ଭିତରେ, ପଡ଼ିଉଠି ସମ୍ଭାଳେ ନିଜକୁ
ଓ ପାଉଁଶର ଗଳାରେ ଗାଏ ଝରିଯିବା ପାଇଁ ପ୍ରସ୍ତୁତ ଗୀତଟିଏ ।

ସେ ଗୀତ ରହିଯାଏ ଆମ ଗଳାରେ । ରୁନ୍ଧାଗଳାରେ ଆମେ
ବିଦାୟ ଦେଉଁ ପରସ୍ପରକୁ ଠିକ୍ ସେଇ କାନ୍ଥ ପାଖରେ
ଯେଉଁଠି ଦିନେ କେବେ ଠିଆ ହୋଇଥିଲା ମୁଣ୍ଡରେ ଟୋପିପିନ୍ଧି,
ନାକଅଧା ଯାଏଁ ଚଷମା ଲଗାଇ, ବେକରେ ଲାଲ୍ ସ୍କାର୍ଫ ଗୁଡ଼ାଇ
ସେଇ ଲୋକଟି, ଯିଏ ବେଳ ହେବା ଆଗରୁ ଭୁଲ୍‌ରେ
କହିଦେଇଥିଲା ବିଦାୟ ।

ଶିଳ୍ପ

(ବାଲୁକା ଶିଳ୍ପୀ ସୁଦର୍ଶନଙ୍କୁ)

ମୁଁ ତମର ଶିଳ୍ପକୁ ଦେଖେ ସୁଦର୍ଶନ ଓ ଭାବେ
କ'ଣ ସବୁ ଆମେ ହରାଇଲେ ଏ ପୃଥିବୀରେ, ପାଇଲେ
ବା କ'ଣ! ରାଶି ରାଶି ଶିଳ୍ପ ଉଜୁଡ଼ିବା ଆଗରୁ
କାହାକୁ କହିଲେ ଥା' ସ୍ଥିର ହୋଇ ଆଖିରେ, ମୃଗଶିରା
ଉଇଁଲାଯାଏଁ ଆକାଶରେ, କାହାକୁ କହିଲେ ଯା'
ଢଳଢଳ ହ'ନା ଆଉ ବେଶି, ବହି ଯା' ଗାଲ ଉପରେ ?

ତମେ ନୁହଁ ଆଉ ଜଣେ କିଏ ଅଛି ବାଲିର ଶିଳ୍ପ ପଛରେ
ଯିଏ ଭଙ୍ଗୁରତାକୁ ନିଃଶବ୍ଦରେ ଗଢ଼େଇ ନିଏ ତମ ହାତରେ ଓ
ତାକୁ ଗଢ଼େଇ ଦିଏ ବାଲିରେ, ଭିଜିବା ପାଇଁ ସାରାରାତି କାକରରେ,
ସକାଳକୁ ବାଲି ଛଡ଼ା କିଛି ନ ଥାଏ ଏ ପୃଥିବୀରେ!

ଝାଉଁବଣରୁ ଶେଷରେ ବାହାରି ଆସେ ଶିକାରୀ, ଖରାରଙ୍ଗର
ଖୁରଙ୍ଗଟିଏ କୁଣ୍ଢେଇଧରି ଛାତିରେ। ଟୋପାଟୋପା ରକ୍ତ ପଡ଼ି
ଲାଲ୍ ହୋଇଯାଏ ପୃଥିବୀର ନୂଆ ଅରାଏ ବାଲି, ତାକୁ ବି
କେହି ଜଣେ ବଦଳାଇ ଦିଏ ଶିଳ୍ପରେ!

ପ୍ରକୃତରେ କିଛି ନ ଥାଏ ଏ ପୃଥିବୀରେ ପାଇବା ପାଇଁ ବା
ହରାଇବା ପାଇଁ ସୁଦର୍ଶନ, ପବନର ହାତଆଉଁଶା ଛଡ଼ା
ଆଉ କିଛି ଆଶା ନ ଥାଏ ବାଲିର, ଆଉ କିଛି କଳା ନ ଥାଏ ଶିଳ୍ପରେ।

ପୃଥିବୀ

ବଡ଼ ଦୁର୍ବଳ ମୁଁ, ବଡ଼ ଦୁର୍ବଳ ମୋ'ର ଅହଙ୍କାର
ସମସ୍ତ ଶକ୍ତି ଖଟାଇ ବି ମାଲିକେ ମୁଁ ଟଙ୍କାଇ ପାରେନା
ସେ କାଠଗଡ଼କୁ, ଯୋଉଥିରେ ଛତୁ ଫୁଟିବା ଆରମ୍ଭ ହୋଇଥାଏ

ବର୍ଷା ପରେ, ଯାହାକୁ ବୋହି ନେବାପାଇଁ ଆସିବାର ଥାଏ
ଶଗଡ଼, ଦୂର ଗାଁରୁ, ଯାହାକୁ ଚିରି ଦେବାପାଇଁ ପ୍ରସ୍ତୁତ ହେଉଥାଏ
କରତକଳରେ କରତ,
ମୁଁ ଟଙ୍କାଇପାରେନା ସେ କାଠଗଡ଼କୁ
କାରଣ ସାରା ପୃଥିବୀ ଥାଏ ତା'ରି ମଞ୍ଜରେ
କିଛି ନ କହି କେବଳ ପଡ଼ି ରହିବାରୁ
ଜନ୍ମିଥାଏ ଯେଉଁ ତେର ଦ୍ୱୀପ, ସାତ ସାଗର
ସେ ମୋ'ର ଅଥର୍ବ ଓଠରେ ଥାଏ।
ମୁଁ ଜାଣେ ମୁଁ କୋଉ କାମର ନୁହେଁ, କିନ୍ତୁ ମାଲିକେ
କୋଉ କାମରେ ଏ ପୃଥିବୀ ଆପଣଙ୍କର, ଯିଏ ଅଚଳ
କାଠଗଡ଼ର ମଞ୍ଜ ଭିତରେ ଥାଏ ?

ଜନତା ମଇଦାନ୍

ରଙ୍ଗବତୀ ବୋଲି ଥିଲା ଜଣେ କିଏ ସେ ଗାଁରେ, ଥିଲେ
ଭରା ଧାନକ୍ଷେତ ଉପରେ ଗେଣ୍ଡାଳିଆ, ଶୁଷୁରି ମାରି ସାଏଁକିନା
ଛପରକୁ ଉଠିଯାଉଥିବା ଶଙ୍ଖଚିଲ, ଫାଳକରେ ବଉଳ ଧରି
ଚଡ଼କରେ ଦି'ଫାଳ ହୋଇଯାଇଥିବା ଗୋଟେ ଆମ୍ବଗଛ, ଗୋଟେ
ଦଲୁଆ ପୋଖରୀ, କୂଳରେ ଜଟେଶ୍ୱର,
ହେଇ ସେଠି ବିଲୁଆଖାଇ ନଈ।
ଏସବୁ ଘଷରା ହେଲେଣି ସାର୍, ଏସବୁ ଷ୍ଟେରିଓଟାଇପ୍, କିନ୍ତୁ
ମୋର ଉପାୟ ନାହିଁ, ଏମାନଙ୍କ ଆଡ଼େଇଦେଇ ମୁଁ ନେଇପାରିବିନି
ଆପଣଙ୍କୁ ଜନତା ମଇଦାନ୍।
ଆଗରେ ପୁଲିସ୍‌ର ନାକାବନ୍ଦୀ, ଏଇଠୁ
ଆଗକୁ ଯିବାକୁ ମନା। ଗୋଟେ ଜଘନ୍ୟ ହତ୍ୟାକାଣ୍ଡ ଘଟିଯାଇଚି
ଗାଁରୁ ସହର ଯିବା ବାଟରେ। ଆସାମୀ ଫେରାର୍। କମ୍ପୁଚି
ଜନତା ମଇଦାନ୍ ସେଇ ସାତପୁରୁଣା ରଙ୍ଗବତୀ ଡାକରେ।

ପୃଥିବୀ କି ନେଇ ଖେଳ

ଆପଣ ପୃଥିବୀ କି ନେଇ ଆଉ କ'ଣ କ'ଣ କରିପାରିବେ ?
କରି ଦେଇପାରିବେ ଯାକୁ ଗୋଟେ ଫାଉଡ଼ା, ବା କରିଦେଇ ପାରିବେ
ଯାକୁ ଗୋଟେ ସୁନା ଦୁଲ୍ ?
ଗୁମ୍ଫାର ସରୁ ଫାଙ୍କ ଦେଇ ଆସୁଥିବା
ସାପ କରି ଦେଇ ପାରିବେ ଯାକୁ ? କରିପାରିବେ
ଶାସ୍ତ୍ରରୁ ଆଣି ପ୍ରତିଶ୍ରୁତିର ଗୋଟେ ଗଣ୍ଠି ବା
ଭୟଙ୍କର ଦୁଃସ୍ୱପ୍ନରୁ ଆଣି
ଚମଓଲରା ଖାସି ଲଟକେଇବା କଣ୍ଟା ?

ନା, ଆପଣ ପାରିବେ ନାହିଁ। ପୃଥିବୀକି ପୃଥିବୀ ଛଡ଼ା
ଏତେ ଦୂରରୁ ଆଉ କିଛି କରିପାରିବେ ନାହିଁ ଆପଣ।

ହେଲେ, ଏଣେ ଦେଖନ୍ତୁ ମୁଁ କେମିତି ଫାଉଡ଼ାକୁ
ସୁନାଦୁଲ୍‌କୁ, ସାପକୁ, ଅସ୍ତ୍ରକୁ, କରିଦେଇ ପାରୁଚି
ପୃଥିବୀ, ଯେବେ ଚାହିଁଲେ ସେବେ ! ରହି ବି ପାରୁଚି
ତା' ଭିତରେ ମଣିଷ ହୋଇ, ମଲାଯାଏଁ।

ବାକି ଯାହା ପବିତ୍ରତା

ବାକି ଯାହା ପବିତ୍ରତା ରହିଯାଇଚ଼ି ମୋ’ ପାଖରେ
ଯାହା ବଂଚ଼ି ଯାଇଚ଼ି ଅରାଏ ଦୂବ ଭଳି ମରୁଭୂମିରେ
ଯାହା ବର୍ତ୍ତିଯାଇଚ଼ି ଦ୍ୱୀପ ଭଳି ଜଳାର୍ଣ୍ଣବରୁ
ଯାହାକୁ ମୁଁ ନଷ୍ଟ କରିପାରିନି ଏ ଯାଏଁ
ଯିଏ ପଣ୍ଡ କରିଦେଇଚ଼ି ମୋ’ର ସବୁ ଚକ୍ରାନ୍ତ ତା’ ବିରୋଧରେ।

ତାକୁ ଦେଲି ତମକୁ। ତମେ କିଏ ବୋଲି ଜାଣିନି ଯଦିଓ
ବସେଇ ଦେଲି ତମ ପାଖ ସିଟ୍‌ରେ ଏ ଅବୋଧକୁ
ନଈ ପାହାଡ଼ ଜଙ୍ଗଲ ଅତିକ୍ରମ କରି ନକ୍ଷତ୍ର ଲୋକକୁ
ଯାଉଥିବା ରାତି ବସ୍‌ରେ।

ମୁଁ ଜାଣେ, ଭୋର୍ ଭୋର୍ ତମେ ଓହ୍ଲେଇଲା ବେଳକୁ
ତମ ଗାଁ ମୁଣ୍ଡରେ, ତମର ନଜର ନିଶ୍ଚେ ପଡ଼ିବ ପାଖ ସିଟ୍‌ରେ
ହାତ ମୁଠାରେ ମୁଣ୍ଡା ପେନ୍‌ସିଲ୍‌ଟିଏ ଆଉ ଟିକି ରବରଟିଏ ଧରି
ଶୋଇ ପଡ଼ିଥିବା ଏ ଅବୋଧ ଉପରେ, ମୁଁ ଜାଣେ
ତମେ କେବେବି ଓହ୍ଲେଇ ପାରିବନି ତାକୁ ଏକା ଛାଡ଼ିଦେଇ ବସ୍‌ରେ।

ମତେ ଆଉ ଖୋଜିବନି। ତମେ ତମ ଗାଁ ମୁଣ୍ଡରେ ଓହ୍ଲେଇଲା ବେଳକୁ
ମୁଁ ଆଉ ନଥିବି ଏଠି, ମୁଁ ବି ପହଁଚ଼ି ସାରିଥିବି ଏମିତି ଗୋଟିଏ
ଗାଁ ମୁଣ୍ଡରେ ଯେଉଁଠି ମତେ ପାଛୋଟି ନେବା ପାଇଁ
ଠିଆ ହୋଇଥିବେ ମୁଁ ନଷ୍ଟକରି ସାରିଥିବା ଅସଂଖ୍ୟ ପବିତ୍ରତା
ମୋ ଅପେକ୍ଷାରେ।

ଯନ୍ତ୍ରର ପ୍ରାର୍ଥନା

ମୁଁ ତମକୁ ଜାଣେନାହିଁ ହେ ସୁନ୍ଦରତମ, କେବେ
ଦେଖିବି ନାହିଁ, କିନ୍ତୁ ଜାଣେ ଯେ ସୁନ୍ଦର ଆଉ କଳାରେ ନାହିଁ।

ମୁଁ ଜାଣେନି କଳାଫଳ, ଫାଉଡ଼ା ଉଙ୍ଗାଏ
ହାଣିବା ପାଇଁ ମାଟି, ସଫା କରିବା ପାଇଁ ଅନାବନାତ
କାନ୍ଦି ପକାଏ କଳାକାର, କହେ ଥାଉଥାଉ ନଷ୍ଟ କରନା
ଏ ସୁନ୍ଦର ତୃଣତଲ୍ଲ, ଏ ବନରାଜି। ହେ ସୁନ୍ଦରତମ
ଏଇଥି ପାଇଁ ଫେଲ୍ ହୋଇଯାଏ ମୋ'ର ସବୁ ପ୍ରାର୍ଥନା।

ସବୁ ଉତ୍ପାଦନର ଯାନ୍ତ୍ରିକ ଗୋଡ଼ମାନଙ୍କୁ ଯିଏ କରେ ସଚଳ
ସିଏ ସୁନ୍ଦର। ସୁନ୍ଦର ସିଏ ଯିଏ କୂଳରେ ଲଗାଏ
ଜହ୍ନରାତିର ଜଳନ୍ତା ଜାହାଜରୁ ପହଁରା ନଜାଣି ଡେଇଁ ପଡ଼ିଥିବା
ଅସଂଖ୍ୟ ଯୁବକଙ୍କୁ। ସୁନ୍ଦର ସିଏ ଯିଏ କହିପାରେନି ନିଜକୁ ସୁନ୍ଦର।

ସେଇଥି ପାଇଁତ ତମର ବଂଶୀସ୍ୱନରେ ଲହରେଇ ଲହରେଇ
ଭାସି ଆସୁଥିବା ଡାକରେ ଥାଏ ଯନ୍ତ୍ରର ପ୍ରାର୍ଥନା ମଣିଷ ହେବାପାଇଁ!

ଯଯାତି

(କୌଣସି ଏକ ପାନଶାଳାରେ ଏକାଠି ହୋଇଥିବା ଯୁବକମାନଙ୍କୁ)

ପ୍ରିୟ ଯୁବକମାନେ, ମୋତେ ଦିଅ ତମର
ନୁଖୁରା ବାଳ, କହରା, ଅବିନ୍ୟସ୍ତ, ଚଂଚଳ !
ଦିଅ ତମର ଗାଲର ଦୁଇଦିନିଆ ରୂଢ଼ । ଦିଅ
ମାତାଲ୍ ଆଖିଯୋଡ଼େ । ଆକାଂକ୍ଷାରେ ରଙ୍ଗା
ଚିତ୍ରବାହନ ଦିଅ, ଦିଅ ତମର ମାଂସପେଶୀ ।
ଦିଅ ଜହ୍ନରାତିର ଲାଭା, ବର୍ଷାସକାଳର କିରଣ ।

ଦିଅ ଠିକଣା ଘୋର ବନସ୍ତର । ପ୍ରାର୍ଥନାଟିଏ ଶାଳବଣରେ
ଝରିଝରି ଝୁଣା ହେବାର ସୁବାସ ପଠାଅ ଏଠିକି ।

ଜଳେଇ ଦିଅ ନିଆଁ, କାଠକୁ କାଠରେ ଘଷି
ପଲ୍ଲବିତ କର ଅସଂଖ୍ୟ ତାରାକୁ ସାରାରାତି
ନଶୋଇବାର କଣ୍ଟାଗଛରେ ।

ଲକ୍ଷ୍ୟ ହାତରୁ ଅସ୍ତ୍ର ଆଣି ଦିଅ ମୋତେ ପ୍ରିୟ ଯୁବକମାନେ
ମୋତେ ଅମର କର ତମର ଯୌବନରେ।

ମୁଁ ଭୋଗିଯାଏଁ ଯାହା ଭୋଗିବାର ଅଛି ଏ ପୃଥିବୀରେ
ମତ୍ତହାରୀ ଭଳି ଝରାଏଁ ମଦଜଳ ଗଣ୍ଡରୁ, ପାଦତଳେ
ଦଳିଦେଇ ଯାଏଁ ଯାହା କିଛି ବଂଚ଼ିଯାଇଛି ଧ୍ୱଂସରୁ, ଅଇଁଠା
ଅରମା, ଭଙ୍ଗାକାଚ଼, କଣ୍ଟା, ଦୂବ, ଆଶା, ରକ୍ତ, ରୋଷ ଓ
କାକର, ଯାହାକିଛି ଅଳୀକ ଓ ସୁନ୍ଦର।

ଜୀଏଁ ଅସନ୍ତୋଷ ଫୁଟି ଝଡ଼ିଗଲାଯାଏଁ, ଡେଂଫରେ ଜୀଏଁ,
ପବନରେ ଜୀଏଁ, ବୃନ୍ତରେ ଜୀଏଁ, ଡାଳରେ ଜୀଏଁ, ଜୀଏଁ
ଗଣ୍ଡିରେ, ଜୀଏଁ ମୂଳରେ, ମହାଦ୍ରୁମର ଦ୍ରୁମତ୍ୱରେ ଜୀଏଁ!

ଦିନେ ଯେବେ ମୁଁ ଫେରୁଥିବି କାନ୍ଧରେ ବନ୍ଧୁକ ପକାଇ
ଶୀକାରରୁ, ନା ହରିଣୀ ଥିବ ନା ହରିଣୀର ଲୋଭ,
ବନ୍ଧୁକରେ ଅଫୁଟା ଥିବେ ସବୁତକ ଗୁଳି, ମୁଁ ଜାଣିବି
ତମେ କଷ୍ଟପାଉଚ଼ ମୋ'ର ପ୍ରିୟ ଯୁବକମାନେ।

ପଡ଼ିଚ଼ କୋଉ ପ୍ରତ୍ୟାଖ୍ୟାନର ବାଲୁଚରରେ ପାଣିତଳର
ଝରଟିଏ ଭଳି, ଶୁଖିଆସୁଚ଼ି ଜିଭ ସହିତେ ଶୋଷ,
କୁହୁଳୁଥିବା ଆଖିରେ ପଶୁଚ଼ି ବଣପୋଡ଼ିର ନିଆଁ, ଚନ୍ଦନ
ବୋଳା ହେଉଚ଼ି ପଥରରେ, ଖସିଯାଉଚ଼ି ସମୟ!

ମୁଁ ଫେରାଇ ଦେବି ତମକୁ ତମର ଯୌବନର ସେତିକିବେଳେ
ତମେ ବଂଚ଼ିଥାଅ ସେଯାଏଁ ଯୁବକ ହୋଇ ସଂସାରରେ।

ଶିବୋଽହମ୍

ଗୁଡ଼ାଏ ବିଷ ପିଇଦେଲା ପରେ କ'ଣ ହୁଏ ମଣିଷର ?
ନୀଳ ପଡ଼ିଯାଏ କଣ୍ଠ ? ଜଟାଭାରରୁ ଲମ୍ଫଦେଇ ବାହାରେ
ଜାହ୍ନବୀ ? ଚମକେ ଭାଲଚନ୍ଦ୍ର ? ନାଃ ନାଃ ଏସବୁ
କିଛି ହୁଏନା ସାର୍, ଲୋକଟା ଛଟପଟ ହୁଏ, ମୁହଁରୁ ବାହାର କରେ
ଫେଣ, ତାକୁ ନିଆଯାଏ ହସ୍‌ପିଟାଲ୍, ସେ ମରିଯାଏ ବିଷଜ୍ୱାଳାରେ।

ତେଣୁ, ଥାଉ ଆଜିର ବିଷ ପିଇବାର କାର୍ଯ୍ୟକ୍ରମ, ମହାମାନ୍ୟ
ମୁଖ୍ୟ ଅତିଥିଙ୍କ ହାତରୁ ବିଷ ପିଇବାର ପ୍ରୋଗ୍ରାମ୍ ଥାଉ କେବେ।
ମଞ୍ଚ ଉଜୁଡ଼ିଗଲା ପରେ ବି ରହିଯିବ ଯେଉଁ କସ୍ତୁରୀ ସୁବାସ ପାଉଁଶର
ମଞ୍ଚ ଉପରେ, ସେ ଥାଉ ସେମିତି, ଚିନ୍ତା କରନା, ଏମିତି ହୁଏ।

ସବୁ ବିଷପାନର ଯୋଜନା ଭିତରେ ଓ ତାକୁ ପଣ୍ଡ କରିବାର
ତୁଚ୍ଛତା ଭିତରେ, ସବୁବେଳେ ଘୂରିବୁଲେ ଏ କସ୍ତୁରୀ ସୁବାସ
ଏତିକି କହିବା ପାଇଁ ଯେ ବଞ୍ଚିବା ପାଇଁ ପିଆଯାଏ ବିଷ,
ମରିବା ପାଇଁ ନୁହେଁ।

ଦୁଃଖୀଲୋକଙ୍କ କାନ୍ଦ

ଦୁଃଖୀଲୋକେ କାନ୍ଦିବେ ନାହିଁ-
ଏମିତି ଗୋଟେ ନିୟମ ଅଛି ବିଶ୍ୱରଚନାରେ।

ଯଦି ଏ ଦୁଃଖୀଲୋକେ ସତକୁସତ କାନ୍ଦିପାରୁଥାନ୍ତେ
ଓ ସେ କାନ୍ଦ ଦିଶୁଥାନ୍ତା କି ଶୁଭୁଥାନ୍ତା ସତସତିକା କାନ୍ଦଭଳି
ତେବେ ଏମିତି ଲେଖା ହୋଇନଥାନ୍ତା ପୃଥିବୀର ଇତିହାସ,
ଯେମିତି ଲେଖାହୋଇଚି ଏଯାଏଁ ବା ଯେମିତି
ଲେଖାଚାଲିବ ଆଗକୁ ଝମରଝାଏଁ।

ପ୍ରକୃତରେ କଥା କ'ଣ କି, ଏ ଦୁଃଖୀଲୋକେ
କାନ୍ଦିପାରନ୍ତିନାଇଁ,
ପାରନ୍ତିନାଇଁ ମାନେ କୋଉକଥାକୁ ନେଇ
କାନ୍ଦିବେ ସେଥିପାଇଁ
ମା' ବାପ ଓ ପିଲାଙ୍କ ଭିତରେ ହେଇପାରେନି ଫଇସଲା
-ତୋରାଣି ମୁନ୍ଦେ ପିଇ ପୁଅ ବାହାରିଯାଏ କାମକୁ,
ମା' ବସିବସି ଚୁଲିରୁ ବାହାରକରେ ପାଉଁଶ,
ବାପ ଗୋଟେ ଛିଣ୍ଡାକମ୍ବଳ ଭିତରୁ ଜରୁଆ ଆଖିରେ
ଓଳିତଳର ପୋକ-ସାଲୁବାଲୁ ନାଳକୁ ଚାହିଁରହେ,
ଛେପ ପକାଏ।

ଲାଗ୍ ଲାଗ୍ ଦଶବାରଟା କୁଣ୍ଡାବସ୍ତା
ଥୋଇସାରିଲା ପରେ ଟେମ୍ପୋରେ
ଦୁହିଁ ହେଇଗଲା ଭଳି ଲାଗେ ଦିହ
ପୁଅକୁ କାନ୍ଦ ମାଡ଼େ-
ଗୋଟେ କୁନ୍ଥ ଉଠେ ପେଟ ଭିତରୁ
ତାକୁ ଆଖି ବାହାରକରିଦିଏ ବାମ୍ଫକରି
ସେ କାନ୍ଦିପାରେନା
ପୁଣି ଲାଗିଯାଏ କାମରେ।
ବାହାରିବାକୁ ଚାହେଁ ପିତ୍ତ, ପାଣି, ନାଳ ଏକାଠିକରି
ତଣ୍ଟି ତାକୁ ଢୋକିଦିଏ
ବାପ ଆଉ କାନ୍ଦିପାରେନା
ଚେକାମାରିଯାଏ କମ୍ବଳତଳେ।

ଏ ତ ମାତ୍ର କିଛି ଦୁଃଖୀଲୋକଙ୍କ କଥା, ତା'ପୁଣି ଗୋଟିଏ
ପରିବାରର
ଛୋଟିଆ ଉଦାହରଣଟିଏ ଦୁଃଖୀଲୋକଙ୍କର ନକାନ୍ଦିବାର।
ଯାକୁ ନେଇ କାରଣ ନାଇଁ ଚିନ୍ତାର,
ଅନବରତ କାନ୍ଦିଚାଲିଥିବା କବିଏ କହୁଛନ୍ତି ଅନେକ ଅନେକ ଦୁଃଖ

ତାଙ୍କର
ତାଙ୍କୁ ବି ଶୁଣାଯାଉ କିଛିବେଳ :

କବିଙ୍କୁ ଛାଡ଼ି ତାଙ୍କ ପ୍ରେମିକା
ବାହାହେଇଗଲା କମ୍ପ୍ୟୁଟର ଇଞ୍ଜିନିୟର
    ତ ଦୁଃଖ କବିଙ୍କର

ପ୍ରେମିକାକୁ ଛାଡ଼ି କବ
ବାହା ହେଇଗଲେ, ଡେରା ଉଠିଗଲା
ତାଳପଦାରୁ ସାନପଦର
    ତ ଦୁଃଖ କବିଙ୍କର,
ପ୍ରେମ କଲେ ଦୁଃଖ, ପ୍ରେମ ନକଲେ ଦୁଃଖ
ବାହା ହେଲେ ଦୁଃଖ, ବାହା ନହେଲେ ଦୁଃଖ
    ତ ସବୁଥିରେ ଦୁଃଖ କବିଙ୍କର !

ଦେହ ଅଲଗା ହେଇଗଲା ଆତ୍ମାରୁ
କବି ହାଉଳିଖାଇ ଉଠିଲେ ନିଦରୁ
        ତ ଦୁଃଖ କବିଙ୍କର
ଦୁନିଆରେ ଏତେ ଦୁଃଖୀଲୋକ ଯେ
କବିଙ୍କୁ ଜୋତା ରଖିବା ପାଇଁ ମିଳିଲା ନାଇଁ ଜାଗା
        ତ ଦୁଃଖ କବିଙ୍କର
କିଛି ନଥିଲେ ବି ଶବ୍ଦକୁ ଶବ୍ଦରେ ରଗଡ଼ି
ଦୁଃଖକୁ ଜନ୍ମଦେଲେ କବି-
ସିଏ ବି ଦୁଃଖ କବିଙ୍କର !

ମୋଟାମୋଟି କଥା ଏତିକି ଯେ
କବିଙ୍କ ଦୁଃଖ ଭିତରେ ପ୍ରେମଜନିତ ଦୁଃଖ ଅଧାରୁ ବେଶି
ବୁଢ଼ାକବି ବି ବାଦ୍ ଯାଇନାହାନ୍ତି ସେଥିରୁ-

ସେଇ ପୁରୁଣା ରାଗସଙ୍ଗୀତର
ଆଳାପ ଏବେ ବି ଚାଲିଚି ନିଭୃତରେ।
ଆଉ କିଛି କବି ଚାଲାକ୍ ହେଇ
ପ୍ରେମକୁ ବଦଳାଇ କରିଦେଇଛନ୍ତି କାଳ ବା ଈଶ୍ୱର,
ବାକି କିଛି ଲାଗିଛନ୍ତି ଆତ୍ମା ସହିତ ଦାର୍ଶନିକ ଆଳାପରେ
ଘଡ଼ିକିଘଡ଼ି ଭାଙ୍ଗିପଡୁଛନ୍ତି ଏମାନେ ଦୁଃଖର ବୌଦ୍ଧିକତାରେ!

ଯାହା କହିଲ ଭାଇ, ଗୋଟେ ପ୍ରହସନ ଚାଲିଚି ଏ'ଠି
ଦୁଃଖକୁ ନେଇ କବିମାନଙ୍କ ସମ୍ପ୍ରଦାୟରେ!
ଯାଏଁ, ଦେଖେଁ, କ'ଣ ହେଲା ତେଣେ
ସେ ତିନୋଟି ଦୁଃଖୀ ଲୋକଙ୍କର-
ପୁଅ ଫେରୁଚି ଏଇନେ ଘରକୁ
ବାପ ପାଇଁ ପୁଡ଼ିଆଟିଏରେ ଶାଗୁ
ଘରପାଇଁ ଗଣ୍ଠିଲିରେ ଚାଉଳ
ଡଗଡଗ ହେଇ ବାଟଚାଲୁଚି ପୁଅ
ମେଘଅନ୍ଧାର ମାଡ଼ିଆସିବା ଆଗରୁ
ପହଞ୍ଚିଯିବା ପାଇଁ କେନାଲକୂଳର ପଲାଘରେ ତା'ର।

ମା' ବସିଚି ବାପ ପାଖରେ
ଆଉଁଶୁଚି କନ୍ଦାଖିଆ ଆଙ୍ଗୁଳିରେ ତା'ର
ବାପର ଛାତିପଞ୍ଜରା,
ତୁହାକୁତୁହା ଉଠିଲାଗିଚି କାଶ ବାପର
-ଚୁଲିମୁଣ୍ଡରେ କେରାଏ ମଳାଡାଙ୍ଗ
ଗୋଟେ ନଡ଼ିଆବାହୁଙ୍ଗା
ଜଳଜଳ ଅନେଇ ବସିଛନ୍ତି ହାଣ୍ଡିକୁଣ୍ଡେଇ।
ସାଇକେଲରେ ଏପଟସେପଟ ହଉଥିବା ବଗୁଲିଆ ଟୋକାଟିଏ ଭଳି
ଉଣ୍ଡି ଦେଇଯାଉଚି କେନାଲମୁଣ୍ଡର ବର୍ଷାପୂର୍ବର ପବନ,
ଫେରିନି ପୁଅ।

ଏ ଦୁଃଖ ତମର ଆମର ନୁହେଁ, ମୁଁ ଜାଣେ,
ଏ କବିତା ବି ସେମାନେ ପଢ଼ିବେ ନାଇଁ, ଯାହାଙ୍କ ପାଇଁ
ଲେଖାହେଇଚି ଏ କବିତା, ତେବେ-

ଏମାନେ ଲୁହ ବୁହାଇ ଭେଁ ଭେଁ ହେଇ ନକାନ୍ଦିଲାଯାଏଁ
ଏମାନଙ୍କୁ ମିଳିବନାଇଁ ଦୁଃଖର ଦରବାରରେ ବସିବାର ଅଧିକାର
ଏମିତି ଭାବୁଥିବା ପ୍ରେମିକ ଦାର୍ଶନିକ କବିଙ୍କୁ ଆମର,
ଆଜି ନହେଉ ପଛେ, କେବେ ତ ଦିନେ ଏ କବିତା ମୋର
ଅନ୍ତତଃ କହିପାରିବ କାରଣ, ଦୁଃଖୀଙ୍କର ନକାନ୍ଦିବାର !

ଇନ୍ଦ୍ରସ୍ତୁତି

(୧)

ହେ ଇନ୍ଦ୍ର,
ପୃଥ୍ୱୀର ଆମେ ସମସ୍ତେ
ପାଟପୁର ମେଳଣପଡ଼ିଆରେ
ଏକତ୍ର ହୋଇ ଆପଣଙ୍କର
ସ୍ତୁତି କରୁଛୁ,
 ହେ ସୁକର୍ମା
ଆପଣ ପାଟପୁର ସହିତ
ପୃଥ୍ୱୀକୁ ରକ୍ଷାକରନ୍ତୁ

ଅତ୍ୟାଚାରୀ ପବନ
ଅହଂକାରୀ ବର୍ଷା
କ୍ରୂର ଆତପ ଓ
ଲୋଲୁପ କୀଟମାନଙ୍କ
ଆକ୍ରୋଶରୁ
 ରକ୍ଷାକରନ୍ତୁ ଆମର ଶସ୍ୟ
ହେ ଇନ୍ଦ୍ର ବଳଶାଳୀ
ହେ ଇନ୍ଦ୍ର ବିତ୍ତଶାଳୀ
ହେ ମତ୍ତ ମଘବାନ

ଆପଣଙ୍କ ଶୂନ୍ୟପାତ୍ରରେ
ଆମେ ଢାଳି ଦେଉଛୁ ସୋମ ।

(୨)

ହେ ବଜ୍ରଧାରୀ
ଆପଣଙ୍କର ସମସ୍ତ ବଳ
ସମସ୍ତ ଅହଂକାର
ଆମକୁ ଦିଅନ୍ତୁ,

ଦିଅନ୍ତୁ ଢାଳିଦିଅନ୍ତୁ
ଆମର ଟିଣଟହ୍ଣୁର ସୋମପାତ୍ରରେ
ଆପଣଙ୍କର ବିଷ,
ଜଳଚକ୍ରରେ ଲେଉଟିଲା ଭଳି
ନିଶ୍ୱାସ ଧାରାରେ,

ଲେଉଟୁ ଆପଣଙ୍କର ବିଷରେ
ଆମର ଅମୃତ
ଠଣସୁନ୍ଦରଙ୍କ
ବଂଶ ରହୁ ହେ ପ୍ରଭୁ
ବଂଚିଯାଉ ଦୁର୍ବିପାକରୁ ଦେବୀନଦୀର
କିମ୍ଭୀର ।

(୩)

ହେ ମହାତ୍ମା ଆପଣଙ୍କର
ଶଯ୍ୟାଧାରରେ ଆମେ
ରଚି ଦେଉଛୁ ନୀଳୋତ୍ପଳର
ଅଧିବାସ,
ଆବଶ୍ୟକତାରୁ ଅଧିକ ଦେଇ
ଆମକୁ କୃତାର୍ଥ କରନ୍ତୁ
ହେ ମହାନିଷାଦ,

ଆମର ଅସ୍ଥିରେ
ନିର୍ମିତ ହେଉ ଆୟୁଧ
ମଣି ସନ୍ଧାନରେ ଯାଇଥିବା
ଶୁକ ରାଉତର ପୁଅ କପିଳେଶ୍ୱର ଫେରୁ
ଗ୍ରାମକୁ

ଆପଣଙ୍କର ତୀରରେ ବିଦ୍ଧ
ମେଘମାଳ ବର୍ଷାନ୍ତୁ ବାରି
ଅବିରତ,
ପ୍ଲାବିତ ହେଉ ଶୁଷ୍କ ଧରା ।

(୪)

ହେ ପ୍ଲାବନ ସ୍ୱାମୀ
ହେ ନାବିକ ମହାର୍ଣ୍ଣବର
କୂଅରେ ପଡ଼ିଚି ଜହ୍ନ ଆମର
ଖୋଜିଦିଅନ୍ତୁ,
ବଢ଼ିବଢ଼ି ଯାଉଚି ସ୍ୱପ୍ନ
ଛୋଟରୁ ଛୋଟ ହୋଇଚାଲିଚି
ପାଇବା ଆମର,
ଆସନ୍ତୁ ବସନ୍ତୁ ଆମର

ଝୋଟିଚିତାର ପିଢ଼ାଉପରେ
ପୂର୍ଣ୍ଣକୁମ୍ଭଟିକୁ ରହାନ୍ତୁ
ଆଡ଼ଆଖିରେ, ଥରେ।
ପୂର୍ଣ୍ଣକୁମ୍ଭର ଜଳରେ ସୋମ
ସୋମରେ ଭ୍ରମ,
ହେ ମହାମହିମ
ଘନ ମଳିକକୁ ଋଣମୁକ୍ତ କରନ୍ତୁ
ଏଥର।

(୫)

ହେ ଦାନପତି, ହେ ନିୟତି
ଗ୍ରହଣ କରନ୍ତୁ ଆମର ଅର୍ଘ୍ୟ,
ହେ ଶ୍ଳାଘ୍ୟ ହେ ସୁନ୍ଦର
ଆମର ସମସ୍ତ ଚିନ୍ତା ଆମର ସମସ୍ତ ବିଘ୍ନର
ଲୋପ ହେଲାପରେ
ଘୋର ଜଡ଼ତାର ମୁଖମଣ୍ଡଳରେ
ହେ ଭ୍ରୂକୁଂଚନ ହେ ସ୍ମିତ
କରୁଣାକରି ଆମକୁ ଦିଅନ୍ତୁ
ଆଉ କିଛିଦିନର ଭରସା।
ପ୍ରତି ଅମାବାସ୍ୟା ରାତିରେ
ସିଦ୍ଧିପାଇଁ ଶ୍ମଶାନକୁ ଯାଉଥିବା
ହରି ତିଆଡ଼ି ନମରନ୍ତୁ ଯକ୍ଷ୍ମାରେ
ଏତେ ଶୀଘ୍ର,
ବଂଚିଯାଆନ୍ତୁ ଆଉ କିଛିଦିନ।
ହେ ଦାତା ଦୁର୍ବିପାକରେ ବି
ରଂଗଣିଫୁଲ ଫୁଟିବାର ବିଧି
କାଏମ ରହୁ,
            କାଏମ ରହୁ
ହେ ଦାତା ନିର୍ବେଦତାର
ବିଧି।

(୬)

ହେ ବୃତ୍ରାରି
ଆମର ଅରିଗଣଙ୍କ
ସମାରୋହରେ ରହି
ଆମର ଅଲଭ୍ୟ ବିଜୟମାନଙ୍କୁ
ଉଦ୍ଧାର କରନ୍ତୁ,
ପ୍ରବଳ ହୁତାଶନରୁ
ଦିଅନ୍ତୁ ଆଣି
ସନାତନ ମହାଜନଙ୍କ
କୁଶ ପୁତ୍ତଳିକା;
ଆମର ମଧ୍ୟ ଆକ୍ରୋଶ ଅଛି
ଅଛି ହିଂସା
ଅଛି ପ୍ରତିଶୋଧର କାମନା ।
ହେ ଦେବାଧିଦେବ
ଆମ୍ଭ କ୍ଷୁଦ୍ରକାୟ
ଟିଟ୍ଟିଭ-ରୂପୀ ବିମାନମାନଙ୍କୁ
ପ୍ରଭଂଜନରୁ ରକ୍ଷାକରନ୍ତୁ ।

(୭)

ହେ ପୂର୍ବ ଓ ମଧ୍ୟଭାଗର
ରକ୍ଷାକର୍ତ୍ତା,
ସୁଶୋଭିତ ରଥବାହି
ଆମର ଯଜ୍ଞପୀଠରେ
ଅବତୀର୍ଣ୍ଣ ହୁଅନ୍ତୁ, ହେ ଯୋଦ୍ଧା
ଆମର ନିଷ୍ପ୍ରାଣ ଆୟୁଧମାନଙ୍କୁ
ନିରୀକ୍ଷଣ କରନ୍ତୁ, ତନ୍ମଧ୍ୟରେ
କାଳକୀଟ ସମାବୃତ
ଆମର ସ୍ତୁତିରୂପୀ ଏକମାତ୍ର ଉଜ୍ଜ୍ୱଳ ଆୟୁଧ
ଆପଣଙ୍କ ପାଇଁ,

ଆପଣ ସେ ଆୟୁଧକୁ
ଧାରଣ କରନ୍ତୁ
ମଧୁ ମହାରଣାର କାଷ୍ଠ ନିର୍ମିତ
ଯୋଦ୍ଧାମାନଙ୍କୁ ଅଭିମନ୍ତ୍ରିତ କରି
ଫେରାଇଦିଅନ୍ତୁ,
ଆମେ ପଶ୍ଚିମ ଉତ୍ତର ଓ ଦକ୍ଷିଣରେ
କାଷ୍ଠଯୋଦ୍ଧାମାନଙ୍କୁ
ପ୍ରତିଷ୍ଠିତ କରିବୁ,
ହେ ପ୍ରାଜ୍ଞ, ହେ ପାଳକ
ଆମର ପ୍ରତିରୂପମାନଙ୍କୁ
ଯୂଥବଦ୍ଧ କରନ୍ତୁ ଯୁଦ୍ଧପାଇଁ।

(୮)

ହେ ଧନସ୍ୱାମୀ
ନିର୍ଧନ ଆମର ପୃଥ୍ୱୀରେ
ଗଜ ଅଶ୍ୱ ସୁବର୍ଣ୍ଣ ସମ୍ଭାର ସମନ୍ୱିତ
ଆକାଂକ୍ଷାମାନଙ୍କୁ
ଉଜ୍ଜୀବିତ କରନ୍ତୁ,
ଆମର ଧନଲାଭ ହେଉ
ସେ ଧନରେ ବନସ୍ପତିମାନଙ୍କ
ରକ୍ତ ନଲାଗିଥାଉ, ନିଷ୍ପ୍ରାଣ
କୀଟ ସମୁଦାୟ ତହିଁରୁ ନିର୍ବିଘ୍ନରେ
ପୁଷ୍ପମୁକୁଳମାନଙ୍କୁ ଆହରଣ
କରନ୍ତୁ,
ହେ ଯଶସ୍ୱୀ ଇନ୍ଦ୍ର, ହେ ଧନଶାଳୀ ଇନ୍ଦ୍ର
ଧନ ଓ ଯଶକୁ ଭିନ୍ନ ଭିନ୍ନ କରି
ଉପସ୍ଥାପିତ କରନ୍ତୁ, ଆମର
ମୃତ୍‌ପିଣ୍ଡମାନଙ୍କୁ
ଅର୍ଥାନ୍ୱିତ କରନ୍ତୁ,
ବ୍ୟାଧିମୁକ୍ତ ହୁଅନ୍ତୁ

ରାଘବେନ୍ଦ୍ର ସାମନ୍ତ
ଆମର ଅତ୍ୟାଚାରୀ ସୋଦର ।

(୯)

ହେ ବହୁପ୍ରାର୍ଥିତ ସୁଦର୍ଶନ ଇନ୍ଦ୍ର
ଆମେ ଆପଣଙ୍କର କୃପାପାତ୍ରଟିକୁ
ଘେରାଇଆଣି ସୋମପାତ୍ରମାନଙ୍କ ମଧ୍ୟରେ
ଲୁକ୍‌କାୟିତ କରି ରଖିଛୁ, ଆପଣ
ସେ ପାତ୍ରଟିକୁ ବିଦ୍ୟୁତ ଆଲୋକରେ
ସୁନିର୍ଦ୍ଦିଷ୍ଟ କରନ୍ତୁ, ସୋମପାତ୍ରମାନଙ୍କ ମଧ୍ୟରୁ
ଅଜ୍ଞାତ ସେ ରୁପାପାତ୍ରକୁ
ଉଦ୍ଧାରକରି ଆମେ ଆପଣଙ୍କୁ
ଫେରାଇବୁ,
ଆମର ଗତ୍ୟନ୍ତର ନାହିଁ
ଅଭିଶାପ ହୋଇ ଯେଉଁ ପାପ
ଆମର ବନସ୍ପତି ଓ ଭୂସଂପଦକୁ
ନଷ୍ଟକରି ଚାଲିଚି କୃପାପାତ୍ର ପ୍ରତ୍ୟର୍ପଣ କରି
ଆମେ ତ ପ୍ରାୟଶ୍ଚିତ କରିବୁ,
ଆପଣ ପ୍ରକଟିତ ହୁଅନ୍ତୁ ହେ ଇନ୍ଦ୍ର
ବିଦ୍ୟୁତ୍ ଆଲୋକରେ
ସତ୍ୟକୁ ମିଥ୍ୟାରୁ,
ଔଚିତ୍ୟକୁ ପ୍ରବଂଚନାରୁ, କ୍ଷଣିକରେ
ଭିନ୍ନ କରି ପ୍ରତିଷ୍ଠିତ କରନ୍ତୁ
ତର୍ପଣବେଳେ ତିଳହୋଇ ଆପଣ ମୂଢ଼
ରଙ୍କ ଭୋଳର ଉତ୍ସାହବର୍ଦ୍ଧନ କରନ୍ତୁ ।

(୧୦)

ହେ ଅନ୍ନପତି
ଭଣ୍ଡାର ଆମର ଶୂନ୍ୟପ୍ରାୟ
ଶୂନ୍ୟଭଣ୍ଡାରରେ ଅଛନ୍ତି

କେବଳ ନିମିତ୍ତ ହୋଇ
ଆମର ଅସଂଖ୍ୟ କ୍ଷୁଧାମାନ
ଓ ଅଳ୍ପକେତୋଟି ଅନ୍ନକଣା,
ଆମେ ଜାଣୁ ଅଳ୍ପଦିନ ମଧ୍ୟରେ
ଆମର ଜ୍ୱଳନ୍ତ କ୍ଷୁଧାମାନ
ପୃଥ୍ୱୀକୁ ଜୟ କରିବେ,
ହେ ଯଜ୍ଞପ୍ରିୟ ସେତେବେଳେ
କେଉଁଠୁ ଆଣିବୁ ଆମେ
ହବି ଆପଣଙ୍କ ପାଇଁ,
ଆମର ମନୁଷ୍ୟତ୍ୱର
ଅବଶିଷ୍ଟ ହବିର୍ଭାଗ ନିଅନ୍ତୁ
ହେ ପରମ, ବେଳ ଥାଉ ଥାଉ
ଆମର କ୍ଷୁଧାମାନଙ୍କୁ
ପ୍ରଶମିତ କରନ୍ତୁ,
ଅନ୍ନମୟ ହେଉ ପୃଥ୍ୱୀ
ଅଶ୍ୱତ୍‌ଥଗଛମୂଳେ
ନାରଣ ଭିକାରିର ଉଦର ପୂର୍ଣ୍ଣ ହେଉ ।

(୧୧)

ହେ ଯଶୋବନ୍ତ
ଅସୁରହନ୍ତା ଅଶ୍ୱାରୋହୀ
ଆପଣ ପୂର୍ବରୁ ପଶ୍ଚିମକୁ ଓ
ପଶ୍ଚିମରୁ ପୂର୍ବକୁ ଧାବମାନ
କାଳର ଅଖଣ୍ଡ କ୍ରିୟାମାନଙ୍କୁ
ଆମର ଉପାସନା ପାଇଁ
କୁକ୍ଷିଗତ କରନ୍ତୁ,
ଆପଣଙ୍କର କୃଷ୍ଣ ଓ ଲୋହିତ
ଦୀର୍ଘାବୟବ ନଭଚରୀ
ଅଶ୍ୱଯୂଥଙ୍କୁ ଆମର
ସନ୍ତାପମୋଚନ ପାଇଁ

ତ୍ୱରାନ୍ୱିତ କରନ୍ତୁ,
ମାଧବ ତ୍ରିପାଠୀ ପଦ ନଭୁଲନ୍ତୁ
ମନ୍ତ୍ର ମନେ ରହୁ,
ଶୋକ ଦୂର ହେଉ।

(୧୨)

ହେ ମେଘମାନଙ୍କର କାରକ ଓ
ବିନାଶକ, ଆମର ଯଜ୍ଞପୀଠର
ନିର୍ମାଣ ସରିଚି, ଆମେ ରଚି ସାରିଚୁ
ବିବିଧ ସ୍ତୁତିବାକ୍ୟ, କିନ୍ତୁ ହେ ସମ୍ମୁଖ-ସମର ପ୍ରିୟ
ଆମର ଅରଣ୍ୟରେ ଅରଣି ନାହିଁ,
ନାହିଁ ଆମର ଆର୍ଦ୍ରନେତ୍ରରେ ଅଗ୍ନି
କିପରି ପ୍ରଜ୍ୱଳିତ ହେବ
ବାଲୁକାଶଯ୍ୟାରେ ଆମର କାମନାର
ଅସ୍ଥିସକଳ ?
ହେ ବାଂଛିତ, ହେ ପ୍ରିୟ
ବିନାଯଜ୍ଞରେ ବାରିପାତ କି ସମ୍ଭବ ?

ବିନା ବାରିରେ କି
ଉପୁଜିବ ଶସ୍ୟ ଏ ମରୁପ୍ରାନ୍ତରରେ ?
ହେ ଇନ୍ଦ୍ର ଆପଣ ବିଦ୍ୱାନ ମରୁତଗଣଙ୍କ
ସହିତ ମିଳିତ ହୋଇ ଅନ୍ତରୀକ୍ଷରୁ
ମେଘଗଣଙ୍କୁ ଧରାଭିମୁଖୀ କରାନ୍ତୁ,
ଉପଯୁକ୍ତ ସମୟରେ ବଜ୍ରାଗ୍ନିରେ
ଆମର ଚକ୍ଷୁମାନଙ୍କୁ ସଂଦିପୀତ କରନ୍ତୁ
ଆମର ନିର୍ବଳ କାମନାମାନଙ୍କୁ ଅରଣିପ୍ରାୟ
ଶୁଷ୍କ ଓ ଅଗ୍ନିଯୋଗ୍ୟ କରନ୍ତୁ,
ଆମେ ଆମର ସ୍ୱଳ୍ପ ଆୟୁର
ହବି ପ୍ରଦାନ କରି ପୃଥିବୀର ମଙ୍ଗଳ
କାମନା କରୁଛୁ,
ଅନନ୍ତ କୈବର୍ତ୍ତର ଦୋଷ କ୍ଷମା କରନ୍ତୁ।

(୧୩)

ହେ ଅସ୍ଥିର ଇନ୍ଦ୍ର
ହେ ତିମିରହନ୍ତା ଶତ୍ରୁନାଶନ
ଆମେ ଆପଣଙ୍କର କିର୍ତ୍ତୀମାନ
ସ୍ମରଣ କରି ବାରମ୍ବାର ପୁଲକିତ ହେଉଛୁ,
ହବି ଗ୍ରହଣ କରି ତୃପ୍ତ ଆପଣ
ଶମ୍ବରାସୁରକୁ ପର୍ବତ ଶିଖରରୁ
ପୁଣିଥରେ ଭୂପତିତ କରାଇବାର
ବେଳ ଆଗତ ପ୍ରାୟ, ହେ ସଂପନ୍ନ ଇନ୍ଦ୍ର
ଆମର ଦରିଦ୍ର ଅବସ୍ଥାକୁ ଦେଖି
ସଂପନ୍ନତାର ଉପାୟ କରନ୍ତୁ,
ଏ ଶମ୍ବରାସୁର ଅତିକାୟ, କୃଷ୍ଣରଜନୀ ପ୍ରାୟ
ଅନ୍ଧକାର ଲିପ୍ତ ଏହାର ପାର୍ବତ୍ୟଶରୀର
ଆମର ଜନପଦମାନଙ୍କୁ ନଷ୍ଟକରିବା ପାଇଁ
ବଦ୍ଧପରିକର।
ଆପଣଙ୍କ ବଜ୍ର ବ୍ୟତୀତ ଆଉ କିଛି ନାହିଁ
ଧରାରେ ଯାହା ଆୟତ୍ତ କରି
କରିପାରିବ ଏ ଶତ୍ରୁର ସଂହାର
ହେ ରମଣୀୟ, ହେ ଘନକୃଷ୍ଣକେଶଦାମ ସୁଶୋଭିତ
ପୁରୁଷଶ୍ରେଷ୍ଠ,
କରୁଣା କରନ୍ତୁ
ବୀରଭଦ୍ର ନାୟକର ଦମ୍ଭୋକ୍ତି ଶୁଣି
କ୍ରୋଧ କରନ୍ତୁ ନାହିଁ।

(୧୪)

ହେ ଅନିନ୍ଦିତ, ହେ
ସତତ ବର୍ଦ୍ଧନଶୀଳ ଇନ୍ଦ୍ର
ଆପଣ ରାକ୍ଷସହୀନ, ପାପରହିତ
ମାର୍ଗରେ ଆମକୁ
ଯଶ ପ୍ରଦାନ କରନ୍ତୁ।

ସେ ଯଶ ଯାହା ଦୂର୍ବାଦଳର
ଶ୍ୟାମଳିମା ହୋଇ ଆପଣଙ୍କର
କିର୍ତ୍ତୀଗାନରେ ସତତ ଉନ୍ମୁଖ,
ସେ ଯଶ ଯାହା ମରୁତଗଣଙ୍କ
ଚଳନଶକ୍ତି, ଯାହା ଅଗ୍ନିଙ୍କ
ଦାହିବା ଶକ୍ତି, ଯାହା ଜଳର ସ୍ୱାଦ
ଯାହା ରୌଦ୍ରର ତେଜ,
ସେହି ଯଶ ପ୍ରଦାନ କରନ୍ତୁ ହେ ଇନ୍ଦ୍ରଦେବ
ସେହି ଯଶର ବୃଦ୍ଧିକରି
ଆମକୁ ପ୍ରକୃତିର ସେବକ ତୁଲ୍ୟ
ନଦୀମାନଙ୍କ ଅବବାହିକାରେ
ଉର୍ବର ଭୂମିମାନଙ୍କରେ ଅବସ୍ଥାପିତ କରନ୍ତୁ।
ଆମର ସମସ୍ତ ଲୋଲୁପତାକୁ
କ୍ଷଣକେ ଅନ୍ତର୍ହିତ କରି
ଅକିଂଚନ ଉଦ୍ଧବ ସାହୁର
କାଂଚନ ବାସନାକୁ ସମୂଳେ
ନାଶ କରନ୍ତୁ।

(୧୫)

ହେ ବଳାହକ, ହେ ସ୍ତୁତିମାନଙ୍କର
ପାତ୍ର ଇନ୍ଦ୍ର
ଆମର ଶବ୍ଦମାନ ପରାହତ
ଆମର ଅର୍ଥସକଳ ବିଡ଼ମ୍ବିତ
ଆମେ କି ଭାଷାରେ ଆପଣଙ୍କର
ପ୍ରାର୍ଥନା ପାଇଁ ପ୍ରସ୍ତୁତ ହେବୁ ?
ହେ ସମର୍ଥ ହେ ବେଗବାନ
ଆମକୁ ଆପଣଙ୍କର
ନିମିତ୍ତରୁ କିଂଚିତ୍ ପ୍ରଦାନ କରନ୍ତୁ,
ସେ ନିମିତ୍ତ ଆମର ଶବ୍ଦ ଓ
ଅର୍ଥମାନଙ୍କୁ ଉଜ୍ଜୀବିତ କରିବ,

ହରି ନାମକ ଅଶ୍ୱ ଦ୍ୱାରା ଆକର୍ଷିତ
ଆପଣଙ୍କ ସହସ୍ରାୟୁଧଯୁକ୍ତ ସ୍ୟନ୍ଦନ
ଆମର ସ୍ତୁତିରୂପୀ ମରୁପ୍ରାନ୍ତରରେ
ଅବତରଣ କରିବ,
ହେ ଇନ୍ଦ୍ର ସେତେବେଳେ ପୃଥ୍ୱୀ
ଆପଣଙ୍କ ଆଗମନ ପାଇଁ
ପ୍ରସ୍ତୁତ ହୋଇଥିବ, ଆମେ
ପଥନିର୍ମାଣ କରୁଥିବୁ ଅସଂଖ୍ୟ
ଉକ୍ତି ପାଇଁ,
ଅଶୌଚ କ୍ଷୀରୋଦ ଶର୍ମାଙ୍କୁ କ୍ଷମାକରନ୍ତୁ ହେ ଇନ୍ଦ୍ର
ଯଜ୍ଞନିର୍ମାଣ କାଳର ଅଶୁଦ୍ଧି ପାଇଁ।

(୧୬)

ହେ ଦେବରାଜ
ହେ ଜୀମୂତବାହନ
ଆମର ବିଭିନ୍ନ ବ୍ୟର୍ଥତାମାନଙ୍କୁ
ଅବୟବ ପ୍ରଦାନ କରନ୍ତୁ
ସେମାନେ ଆମ୍ଭର ସହଚର ହୋଇ
ପୃଥ୍ୱୀରେ ଆମ୍ଭର ସନ୍ତାନମାନଙ୍କୁ ରକ୍ଷା କରନ୍ତୁ,
ସେମାନଙ୍କର
ହସ୍ତପଦାଦି ଅବୟବ
ଆମ୍ଭର ବିଭିନ୍ନ କର୍ମରେ
ସହାୟକ ହୋଇ
ଯଥାସମୟରେ ଆମ୍ଭର ସନ୍ତାନମାନଙ୍କର
ସହାୟକ ହୁଅନ୍ତୁ
ଆମ୍ଭର ବ୍ୟର୍ଥତାମାନଙ୍କୁ ସୋମରସ ପାନକରି
ମତ୍ତଦୃଷ୍ଟିରେ ଚାହିଁଥିବା ହେ ଇନ୍ଦ୍ର
ବର୍ତ୍ତମାନ ଆମ୍ଭର
ସୁଶୋଭିତ କାଷ୍ଠାସନରେ ଉପବେଶନକରି
ଆମ୍ଭର ବ୍ୟର୍ଥତାମାନଙ୍କୁ

କର ସଂପୁଟରେ ଗ୍ରହଣ କରନ୍ତୁ,
ଶୁକ୍ଳାମ୍ବରଧରୀ ଗନ୍ଧର୍ବ ମାହାପାତ୍ର
ନିର୍ବାଚନରେ ପରାଜୟ ଲାଭ କରନ୍ତୁ।

(୧୭)

ହେ ଲୋଲୁପ, ଚିତ୍ରପୁଂସ
ହେ ଶୋଭନ ଚିବୁକଧାରୀ ଇନ୍ଦ୍ର
ଆମ୍ଭର ସ୍ତୁତି ଶ୍ରବଣ କରି
ଆପଣ ପରିପୁଷ୍ଟ ହୁଅନ୍ତୁ
ମନ୍ତ୍ରଧ୍ୱନିରୁ ମେଘ ଓ
ମେଘରୁ ଜଳବର୍ଷଣର ଆୟୋଜନ କରନ୍ତୁ
ଆମ୍ଭେ ଶୁଷ୍କ ଓ ପତିତ
ନିଦାଘମାନଙ୍କୁ ଓ ତତ୍‌ସହିତ
ନିରକ୍ତ ଉଷରମାନଙ୍କୁ
ଆପଣଙ୍କୁ ଅର୍ପଣ କରୁଛୁ
ଗ୍ରହଣ କରନ୍ତୁ।
ସୋମବଂଚିତ ନନ୍ଦପୁର ଗ୍ରାମରେ
ଶସ୍ୟ ଅଂକୁରିତ ହେଉ,
ଦୁର୍ବଳ ଯୁବକମାନେ
କରବୀର ପୁଷ୍ପର ମଧୁପାନ କରି
ଉନ୍ମତ୍ତ ହୁଅନ୍ତୁ।

BLACK EAGLE BOOKS

www.blackeaglebooks.org
info@blackeaglebooks.org

Black Eagle Books, an independent publisher, was founded as a nonprofit organization in April, 2019. It is our mission to connect and engage the Indian diaspora and the world at large with the best of works of world literature published on a collaborative platform, with special emphasis on foregrounding Contemporary Classics and New Writing.

www.ingramcontent.com/pod-product-compliance
Lightning Source LLC
Chambersburg PA
CBHW031102080526
44587CB00011B/791
9781645601319